读史衡世·名将篇

犯汉必诛 卫青

刘屹松 ◎著

华中科技大学出版社
http://press.hust.edu.cn
中国·武汉

图书在版编目（CIP）数据

犯汉必诛：卫青 / 刘屹松著. -- 武汉：华中科技大学出版社，2023.9
ISBN 978-7-5680-9883-0

Ⅰ.①犯… Ⅱ.①刘… Ⅲ.①卫青（?-前106）—传记 Ⅳ.①K825.2

中国国家版本馆CIP数据核字（2023）第167823号

犯汉必诛：卫青
Fan Han Bi Zhu: Wei Qing

刘屹松 著

策划编辑：亢博剑

责任编辑：李 祎

责任校对：刘 竣

装帧设计：VIOLET

版式设计：王江风

出版发行：华中科技大学出版社（中国·武汉）	电话：（027）81321913
武汉市东湖新技术开发区华工科技园	邮编：430223

印　　刷：天津中印联印务有限公司

开　　本：880mm×1230mm　1/32

印　　张：9

字　　数：210千字

版　　次：2023年9月第1版第1次印刷

定　　价：49.80元

本书若有印装质量问题，请向出版社营销中心调换

全国免费服务热线：400-6679-118 竭诚为您服务

版权所有 侵权必究

前言

作为西汉对匈奴作战的主要将领，卫青因征服匈奴而封侯拜将，位居大将军、大司马，封长平侯。如此声名显赫、耀眼夺目的人生，却是由一个卑微低贱的奴隶身份逆袭而来。

卫青的生父郑季是平阳县的一个小吏，因为经常到平阳侯府办公差，与侯府女奴卫氏（卫媪）相识，二人情投意合、珠胎暗结，生下了卫青。但郑季不愿负责，不想认下这个私生子，于是，本该姓郑的卫青，冒姓了卫氏亡夫的姓。卫氏前后生育了7个孩子，生活十分艰难，所以卫青在十岁左右被送到了生父家中，但他并没有就此享受锦衣玉食，而是被安排去放羊，几个异母兄弟也把他当奴仆看待，使他受尽屈辱和磨难。

但正是这样一个小羊倌，心中始终隐藏着一个不屈不挠的灵魂，他梦想通过自己的努力突破卑贱的身份。大约十四岁的时候，卫青进入平阳侯府，成了平阳公主的一名骑奴。

历史总有许多机缘巧合。此时恰逢汉武帝刘彻继位不久，大汉外有强敌匈奴不断扰边犯境，内有窦太后等人干预朝政，加上自己跟皇后陈阿娇的关系又出现裂痕，汉武帝心中愤懑，郁结难舒。为了培植自己的亲信，汉武帝开始招揽一批能臣武将。仿佛是上苍的有意安排，汉武帝在平阳侯府的惊鸿一瞥，成就了一代贤后卫子夫，也成就了卫青从奴隶到将军的传奇人生，创造了大汉的一段辉煌历史。

汉朝自高祖刘邦开国以来，一直受到匈奴的侵扰，边境百姓处于水深火热之中，之前多次北伐匈奴几乎都是以失败告终。这个情况一直到汉武帝时期才发生了根本性的变化。为了彻底消灭匈奴，汉武帝慧眼识珠，把卫青从平阳侯府召到建章宫任宿卫，旋即担任建章监，加侍中。此后十余年间，卫青与上林苑受训的新军一起成长，他的军事才能被一点点地挖掘出来。自从首战匈奴奇袭龙城之后，卫青便成了匈奴人的克星，也使汉军重新焕发了生机。他率领汉军驰骋于草原大漠，在漠南、河内（河南）、陇西、漠北，一次次击溃匈奴，七战七捷，维护了边境的和平。

如果说是历史选择了汉武帝，那么就是汉武帝选择了卫青，给了卫青一个广阔的舞台，而卫青也不负众望，尽己所能，谱写了一曲荡气回肠、慷慨激昂的生命壮歌。

纵观卫青的一生，不管为将还是为臣，他都无可指摘。为将，他创建了汉军铁骑，并针对匈奴飞骑发明了新式战法，以武刚车结阵，配合汉弩，阻挡匈奴冲锋；他用兵敢于深入，奇正兼擅；他号令严明，与士卒同甘苦共患难，作战常常奋勇争先，得胜述功也总是将战绩让给部属，因而将士皆愿为他效命，堪为一代将帅的楷模。为臣，他从不居功自傲，不养门人，不结私党，洁身自好，这对皇帝来说无疑是最大的尊重；他忠君爱国，兢兢业业又谨小慎微，小心翼翼地避开政治斗争的旋涡，几十年间仕途坦荡；平定匈奴后，随着年龄的增长，他刻意远离朝堂，在自小生活过的汾水畔过起了隐居生活。卫青最终得以善终，青史留名，并成为后世武将的标杆。

《晋书》曾言："是非久自见，不可掩也。"翻开漫长的历史篇章，那些被尘埃掩盖的是非功过，总会真真切切地展现在我们面前。

本书在尊重史实的基础上进行了合理的文学加工，充分展现了卫青曲折而又传奇的人生经历——童年的不幸，少年的屈辱，成年后因姐姐而改变命运，遭遇仇家绑架，苦练杀敌本领，战场上叱咤风云，七战匈奴，屡建奇功，封侯荫子，不寻常的婚姻……着力描述了卫青出身卑微却自强不息的奋斗历程和心路苦旅，并且还原了汉武帝时期汉匈之间几次大型战役的全部过程。

从书中也可以看出，卫青既是一个功勋卓著的人，又是一个沉稳内敛、谦虚谨慎的人，在修身处世方面展现出了很强的人格魅力，他在中年以后不恋权不贪功，渐渐远离权力中心，选择恬淡从容、返璞归真的生活，其传奇、低调的一生令人肃然起敬。

目录

第一章 少小飘零

第一节 侯府女奴之子

第二节 坚韧的小羊倌

第三节 钳徒的预言

第二章 人生转机

第一节 公主府骑奴

第二节 卫子夫的好运气

第三节 服役建章宫

001　012　024　　031　039　044

第三章 立足京师

第一节 官斗持续升级 052

第二节 夭折的建元新政 060

第三节 小宿卫因祸得福 069

第四章 利剑出鞘

第一节 马邑伏击战 082

第二节 主动请缨 089

第三节 直捣匈奴龙城 095

第三节 修筑朔方城	
第二节 征伐河南地	
第一节 筹措粮草军饷	
第六章 收复河朔	
第三节 解雁门之危	
第二节 上林苑论兵	
第一节 营救公孙敖	
第五章 再踏征程	

104　110　119　　131　138　146

第四节 剑指河西 198

第八章 新星崛起

第一节 霍去病首战封侯 179
第二节 大将军赠金 187
第三节 淮南王的野心 192
第四节 剑指河西 198

第一节 坚拒美色诱惑 150
第二节 暴风雨前的平静 160
第三节 积极备战 167
第四节 高阙奇袭之战 172

第七章 官拜大将

第十章 再续前缘

第一节 武帝的新欢 … 236
第二节 迎娶平阳公主 … 242
第三节 宫中再起波澜 … 250

第九章 远征漠北

第一节 浑邪王降汉 … 207
第二节 寻歼匈奴主力 … 211
第三节 狼居胥祭天 … 218
第四节 李广自杀风波 … 226

第十一章　亢龙有悔

第一节　功高不养士 257
第二节　树欲静而风不止 265
第三节　军神陨落 270

第一章 少小飘零

第一节 侯府女奴之子

西汉景帝前元年间的一个秋雨夜,河东郡平阳侯府仆妇大院的一间小屋里,一个男婴呱呱坠地,在发表了几声"降世宣言"后,他便在母亲的怀中安静地睡着了。

屋外细雨从梧桐叶上滴落,淅淅沥沥,仿佛一点一滴都落在郑季的心坎上,让他感到阵阵寒意。作为孩子的生父,他心里没有半点欣喜和欢乐,反而忐忑难安。他坐在床边,呆呆地看着躺在床上、虚弱不堪的产妇卫氏,心情十分复杂。

郑季是平阳县衙小吏,早有家室儿女,因在县衙负责郡县粮食、赋税交割,被派到河东郡平阳侯府来处理相关事务。钱粮劳役牵扯甚广,且每年秋后都要交割,郑季一年至少有两个月在平阳侯府办事。郑家距离平阳侯府有十余里路程,怕早出晚归误事，因此，郑季被安排在侯府后院侧厢房（佣人住所）的一个房间暂住。与侧厢房一墙之隔便是侯府后院外的仆妇院（女奴居住），郑季在自己的房间里经常能听到仆妇院传来的嬉笑打闹声。仆妇们私下时常毫无顾忌地表达她们的喜怒哀乐，甚至相互讥诮揭短，说些私房话，郑季听了都面红耳赤。

偷听她们的隐私，最初郑季还有点难为情，渐渐便习以为常，觉得自己是"被迫"的，还有了借故进院一窥的冲动。侯府后院有门通往后花园，而去后花园就得从仆妇院中经过。尽管秋天的后花园已有几分萧瑟，郑季却频繁光顾。

在多次经过仆妇院后，郑季发现在这群仆妇中有一个人显得有些特别，她平常总是默默干活，即使空闲下来，也不与他人开玩笑、闲扯，更不会与人发生无谓的争执。这个人就是卫氏。

郑季的目光渐渐被卫氏所吸引，每次相遇，都忍不住多看她几眼。卫氏二十七八岁，虽身为仆妇，却娴静如出水芙蓉；虽穿着粗葛糙麻，却冰肌窈窕。更让郑季心动的是卫氏的温顺、善良、恭敬、俭朴、谦让，这些他在夫人身上根本感受不到。当他得知卫氏寡居带着四个孩子生活时，觉得自己接近卫氏的机会来了。

郑季先是对四个孩子表示关切，经常与他们玩耍。从孩子们欢快的笑声中，卫氏感觉这个看上去有几分儒雅的男人很喜欢自己的孩子，不由得对他有了好感。郑季对她们一家人的生活也会给予帮助。最初卫氏还不好意思接受，但郑季告诉卫氏，这些都是给孩子的。卫氏自然希望孩子们能过得好一些，于是渐渐不再抗拒郑季的帮助。郑季为了赢得卫氏的芳心，还说他能帮助几个孩子赎身不再为奴，这可是卫氏毕生最大的愿望，现在郑季给了她希望，她又怎会不心动呢？为了让自己的孩子不再为奴，她可以付出一切。

秋末，郑季即将结束在侯府的公务，卫氏却怀孕了。这个孩子来得名不正言不顺，她既羞惭又惶恐。郑季原本以为这只是一段露水姻缘，听说卫氏怀孕后，他才认真思考自己的责任，感受到了肩上的重担，以后他就是这个女人和她的孩子一辈子的依靠了。但他不过是一个县衙小吏，哪里有能力挑起这副担子？他左思右想，一筹莫展。

转眼十个月过去了，第二年初秋，郑季照例到侯府办理公务，卫氏腹中的胎儿正好出生。郑季必须做出抉择：一方面，虽然这男婴他不想要，但毕竟是他的亲生骨肉，他要尽到抚养之责；另一方面，他不希望家里人知道这个孩子的存在，尤其不能让夫人知晓，否则，她不仅会让郑家鸡犬不宁，还会闹到县衙里去。郑季几次想对卫氏说点什么，但终究没开口。

卫氏又怎会不知郑季已心生退意，她躺在薄薄的被褥下假寐，也在想着心事。她来侯府已经二十余年，那年她才六七岁，黄河洪水泛滥成灾，她家就在黄河边上，父母为了救她被洪水卷走，其他家人或死于洪灾，或外出逃荒。她还算幸运，被河东郡平阳侯府收为仆人。她不知道自己姓甚名谁，家里的人都叫她三女，因为她是父母所生的第三个女儿。进入侯府后，最初别人也是这样称呼她。仆人的地位非常卑微，不仅要干繁重的体力活，而且要听命于人。三女聪慧，又很勤快，在侯府无衣食之忧，她对自己的生活倒是满意的。

三女十四五岁的时候，迎来了命运中的第一个转折点。那时的她如出水芙蓉，含苞待放，在众多女仆中显得清丽脱俗。她的美貌很快赢得了一个英俊青年的青睐。这位青年姓卫，年纪二十出头，是平阳侯曹寿（曹时）的骑奴。骑奴虽也是奴仆，地位却很高，经常随侯爷出行，负责保护侯爷。有一次，曹寿出猎遇到危险，卫姓青年舍身相救。有感于其护主之功，曹寿不仅奖赏他金钱和财物，让他解除了奴籍，还答应让他娶三女为妻。

三女与卫姓青年并没有多少交集，更谈不上有什么感情基础，但她身为女仆，婚姻不能自己做主，再说，卫姓青年相貌品行俱佳，是个难得的如意郎君，岂有不答应之理？

三女嫁给卫姓青年后，便随了夫姓，人们称她卫氏，年长之后又称卫媪①。卫氏婚后的生活还是很幸福的。卫姓青年有了自己的家，不仅更加忠诚于侯府，对卫氏也十分疼爱，不到十年两人便生育了四个儿女：长子卫长君、长女卫君孺（《汉书》作卫君孺，《史记》作卫孺）、次女卫少儿、三女卫子夫。因为长子卫长君比较憨实，而接着生的又是两个女孩，所以夫妻俩都希望第四个孩子是个男孩，能够有出息，在孩子还未出世时就取好了名字——卫子夫，但让他们失望的是，第四个孩子依然是个女孩。

---

① 媪：在古代，"媪"指年老的妇女。

他们夫妇都是奴仆出身，但他们对儿女的爱是真挚、淳朴的，无论男孩女孩，都一样疼爱。为了养活四个孩子，他们更加卖力地干活，虽然辛苦，日子倒也其乐融融。

不幸的是，卫氏的丈夫刚过而立之年，就因一场突发的大病卧床不起。卫氏心急如焚，四处请医问药，却没有什么起色。卫氏既心疼丈夫，又为一家人的生计忧愁，每天虔诚地向老天祈祷，希望丈夫能早日好起来。然而，就在当年冬天的一场暴雪之后，这个男人便带着遗憾和不舍，永远闭上了双眼。

家里一下子失去了顶梁柱，卫氏茫然无措，不知如何面对以后的人生。然而，孩子们撕心裂肺的哭声让她告诫自己，无论多苦多难，都要把他们抚养长大。好在侯爷曹寿念及旧情，让卫氏和几个孩子一起回到了侯府，并在女仆院给他们安排了两个稍宽敞一点的房间。卫氏咬紧牙关、擦干眼泪，每天和其他女仆一起干活，而且专拣最脏、最累的活干。

就在卫氏情绪低落之际，郑季闯进了她的生活，于是有了第五个孩子的降生。

在辛苦的生活中，卫氏努力去回忆与亡夫度过的十年平静的岁月，去感受曾经有过的那一丝甜蜜。她觉得自己委身于郑季，完全是生活所迫，感情的成分少之又少。这个曾经在她耳边信誓旦旦的男人，现在坐在她的床边，看着自己的亲生儿子，却一句话也没有说，这让卫氏对他失望透顶。

第二天早上，郑季起身告辞。他正要跨门而出时，卫氏突然说道："你就这样走了，不给孩子取个名字吗？"郑季闻言，脚步顿了顿，然后头也不回地走了。卫氏黯然地看着怀中的婴儿，伤心道："可惜了我的儿，命中注定是要做奴仆的，有没有名字真没有那么要紧。"

这以后，卫氏更加努力地干活。然而，一个没有其他经济来源的女仆独自带着五个孩子生活，显然无比艰难，万般无奈之下，她只得向亡夫的兄弟们求助，把长子卫长君送到卫家抚养。卫长君已经十一二岁，能干点活了，卫家兄弟便接受了这个孩子。卫氏还想把长女卫君孺也送人，但一个女孩子，没人肯要。卫氏只能带着三个女儿和幼子艰难度日。

郑季可能是良心发现，偶尔也会送来一点钱粮接济一下。但幼子满周岁之后，他就没来过了。他对卫氏说，县衙调换了他的工作，原来的差事换别人去干了，他不方便再来侯府。卫氏见他说话时眼神闪烁，知道他是在说谎，但她也不当面揭穿，她对这个男人已经不抱任何幻想了。

卫氏的小儿子完全继承了她的品性，聪明乖巧，即使母亲把他独自一人关在屋子里，他也不哭不闹；随便给他一个什么玩具，他都会很有兴致地玩上大半天。更让人惊讶的是，这个吃着粗茶淡饭、缺少营养的孩子竟然长得很壮实，而且从蹒跚学步到牙牙学语，样样都比同龄孩子要早。

就这样过了五六年，小男孩的好奇心使他想要看到屋子之外的世界。且不说侯府之外的世界，仅侯府内就有不少新鲜事。侯府是一个三进院的四合院，第三进院后的女仆院有水池和洗衣房，卫氏就在洗衣房干活，他也因此有机会偷偷溜进后花园去玩。但母亲一再叮嘱他，不能在侯府乱跑，很多房间是绝不能进去的，也绝不能践踏和采摘后花园的花草。小男孩很懂事，从不违逆母亲的教诲。

后花园有一扇侧门通往侯府家塾。侯爷曹寿和夫人平阳公主生有一子，已经七八岁了，曹氏家族三个差不多大的孩子陪着这位公子在家塾读书。有一天，小男孩无意间走到后花园侧门口，在地上捡到一卷残破的竹简，上面密密麻麻刻着字。小男孩不识字，不知上面写的是什么，正疑惑时，从家塾传来阵阵读书声。小男孩对读书早有兴趣，便坐在门口静静地听了起来。

小男孩听了一个多时辰，很是投入，直到有人走到他的面前才回过神来。他抬头一看，只见一个四十岁左右的陌生男人，面带几分威严地盯着自己，吓得他连忙跪地请罪。这时，卫氏赶过来了，见儿子似乎冲撞了家塾先生，也连忙赔礼道歉。家塾先生说："这孩子只是偷听人家读书而已，并无过错，不用道歉。"他说话时，两眼一直盯着小男孩手中的竹简。卫氏以为这竹简是儿子从什么地方偷来的，心中更是害怕，马上下跪。家塾先生又说道："这孩子把别人丢弃的书简捧在手里，如获至宝，看样子是真喜爱读书啊。这孩子多大了？"

卫氏连忙答道："刚六岁。"

家塾先生点点头说："到了入塾的年龄了，该让孩子读书了。"

卫氏闻言凄然笑道："奴仆之子，身份低贱，哪有资格入塾读书。"

"这个孩子能坐在门口听人读书,说明他喜爱读书;他听读的时间那么久,说明他有毅力,这两点对读书人来说是非常重要的。我虽不会看相,但这个孩子确实有成大器的潜质。"家塾先生说完,又转身问小男孩,"你是真心想读书吗?"小男孩重重地点了点头。

卫氏说:"先生谬赞了。孩子再想读书,也没资格读书呀。"

家塾先生笑道:"我与这孩子有缘,一见到他就很喜欢。既然他真想读书,我可以私下教他。如果他悟性好,与入塾读书也没有差别。不知这孩子是何名姓?"

卫氏说道:"随便怎么称呼都行,还没有给他取正式的名字。"

家塾先生摇摇头说:"一个男子怎能没有正式名字呢,不仅要有名,而且名字还要有寓意。既然我准备收他为生徒,就让我来给他取个名字吧。"他沉思片刻,说道:"我给他取名一个单字'青',寓意青出于蓝而胜于蓝。也就是希望他比我这个师傅更强一些,或者说比他的父亲更强一些。另外给他取字'仲卿',可好?"

卫氏不太懂这些,只是一个劲地说:"谢谢先生,太感谢先生了。"

小男孩终于有了正式的名字——郑青。但郑季不准备认下这个孩子,卫氏也不希望儿子姓郑,于是就让他随亡夫的姓,叫卫青。

说巧不巧，当卫氏问起家塾先生姓氏时，先生回答："鄙姓韦。"卫氏不知道这"韦"与"卫"是同音不同字，她不识字，也没深究。就这样，卫青成了韦先生的学生。

因为身份低微，卫青不能入侯府家塾读书，但韦先生允许他在窗外听讲，下课后又私下对他进行教导。卫青学得也很认真，进步很快。

韦先生不仅人品好，付出不图回报，而且学识渊博，又有一身好功夫，可谓文武双全。卫氏对韦先生十分敬仰，觉得儿子能得到韦先生的培养和教育，说不定将来真能出人头地。但韦先生付出得越多，卫氏就越感到无以为报。当她得知韦先生至今未有家室，独自一人四海飘零时，为报答韦先生，便主动向韦先生示好。韦先生觉得自己四海为家，不可能给卫氏带来安定幸福的生活，所以没有接受卫氏。这让卫氏感到更加自卑：自己是一个带着四个孩子的寡妇，怎可能让韦先生这样的高贵之人看得起？

韦先生是个心思细腻的人，很快看穿了卫氏的心事，其实他对这个女人也有好感，不是因为她的美貌，而是因为她的善良和聪慧。于是，韦先生向卫氏说明了自己的难处以及真实的想法，卫氏表示自己不在乎名分，也不图有一个安定的生活，只是爱慕韦先生，愿意以身相许。就这样他们走到了一起。在以后的三年里，卫氏为韦先生生育了两个儿子，分别叫卫步和卫广（或许应该叫韦步和韦广）。

在这三年里，韦先生在卫青的教育培养上付出了很多心血。他发现卫氏的小女儿卫子夫有辞赋音律方面的天赋，且天生有一副好嗓子，于是也让卫子夫读书识字，并着重发展她的音律天赋。

卫青记忆力超强，在绘画上也有些悟性。他一年就完成了启蒙知识的学习。韦先生不禁对他刮目相看，除了让他读《论语》《诗经》等经典外，还给他讲《道德经》《易经》及一些兵法。卫青不到十岁就对《易经》玄义有所理解，老子无为而治的思想也对他的人生影响颇深。

韦先生经常启发卫青说，所谓"易"就是讲究变化，以五行中的水为例，水的变化性最强，水随形而方圆。水之所以有巨大的能量，一则在于变化，一则在于蓄势。当水积蓄到足够大势之后，就能产生无坚不摧的力量。人也是一样，人随势而变通，敢于变通，善于变通，人生才能收获别样的风景。这些道理当时卫青还无法全部理解，却大大启发了他的思维。

韦先生不是一个迂腐夫子，他对世事特别关注，对天下大势也很有预判力。他告诉卫青，不久的将来，大汉与匈奴必有一战，而立下战功便可以解除奴隶身份。因此，他让卫青习武练剑，早做准备。他与卫氏生子后，仍然把卫青当作自己的儿子一样看待，并把一套祖传剑法教给了卫青。卫青对练剑特别着迷，每天早早起床，练习这套剑法。他虽未练出力道和气势，却完全掌握了姿势动作的要领。

谁也没有料到，因为卫青练这套剑法，韦先生的隐秘身份暴露了，惹来了麻烦。原来，侯府老管家的父亲曾是淮阴侯韩信手下的一名士兵，他亲眼见识过这套剑法的精妙与威力，并用心模仿过。这套剑法为韩信自创，从不外授，所以除了韩信后人，其他人是无法得到真传的。几十年过去了，卫青这个小毛孩能把这套剑法学得有模有样，一定是得到了真传，而卫青只跟韦先生练过剑，因此侯府老管家怀疑起韦先生的身份，连忙把自己的猜想告诉了侯爷，并提醒道："收留窝藏罪犯后人可不是小事，若有存心不良的人在皇上面前搬弄是非，侯爷恐怕要大难临头了。"

曹寿不以为然地说："淮阴侯谋逆罪本就不实，何况事情已经过去几十年了。如今皇上正招募天下英才以对付匈奴，若真有像淮阴侯那样的英雄，皇上还求之不得呢，哪会去翻那无凭无据的旧账？"

老管家说："此事没人做文章自然是好，但万一有人忌恨侯爷，故意针对您，那您也不能不防啊。"

曹寿沉思良久，说道："韦先生在府中教授几个孩子，尽心尽责，我很敬重韦先生的为人，即使他真是淮阴侯后人，我们也不能把他供出去，不如找个由头把他辞了，让他远走高飞。"

不久，曹寿与老管家的密议传到了韦先生耳中，他怕连累侯府，更怕牵连卫氏一家，决定悄悄逃走。临走之前，他对卫氏说："你我夫妻多年，且有了孩子，本应该长相厮守，如今事泄，不得不远逃他乡。我早应该向你坦白，当年因淮阴侯韩信谋逆罪连坐，韩家只留有一个幼子（韩修），辗转投奔了南越王赵佗，并改姓韦（取韩字右半边）。我便是韦氏之子，韩信的嫡孙。我自幼苦读，刻苦练功，寄望于能立下战功，为祖辈恢复名誉。因此隐姓埋名，四海飘荡，寻求机遇。前几年听说景帝为了对抗匈奴，把那些死囚都派上了战场，让他们立功赎罪，我便到都城寻找机会，但没有成功。听说平阳侯为人开明、正直，我就到侯府做了家塾先生，没想到还是有人探知到我的真实身份。为了不连累他人，我准备逃离此地，只是觉得太对不起你，眼下也只能把全部的积蓄都留给你，望你念在夫妻情分上，照顾好两个孩子，把他们抚养长大。"

卫氏听了韦先生这番话，先是愣住了，随即两行热泪滚滚而下，涕泣道："怪不得先生，我一点也不怨恨先生，这一切都是命中注定啊。"

随着韦先生的离去，卫青的生活也再次出现重大变故。

第二节 坚韧的小羊倌

流年似水，随着韦先生的离去，刚满十岁的卫青感觉到他童年的快乐时光也一去不返了。孤儿寡母度日艰难，但卫青在这种环境下还是茁壮成长起来。他身材单薄瘦削，骨骼却很结实，性格沉稳内敛，眉宇间尽显坚毅。童年对他来说，除了韦先生的启蒙教育，几乎没有留下多少值得回味的记忆。

和绝大多数少年一样，成长也给卫青带来了烦恼。他这个年纪，既不能干活减轻家里负担，又不能入塾读书，空闲无聊就难免生出事端。有一天，卫青又到侯府的家塾窗外听讲。新来的家塾先生所讲的内容与韦先生讲的大同小异，但重温学过的课程，使他对其中的道理有了更深的理解。他还是听得很入迷，全然忘了这里是他的"禁区"。

"谁在窗外偷听？"身后突然传来一声暴喝，卫青大吃一惊，回头望去，只见两个跟他差不多年纪的男孩从家塾里跑出来，冲着他嚷道："原来是这个没爹的野孩子！"他们是侯府公子曹襄的陪读，也是平阳侯曹寿的远房宗室子弟，一个叫曹恒，一个叫曹勔。他们比卫青大一两岁，平时没少欺凌卫青，过去卫青有韦先生护着，他们心里有几分忌惮，而今他们只要逮着机会，就要羞辱卫青一番。每次卫青都是默默忍受，但他不能忍受曹恒骂他是没爹的野孩子。他怒目而视，攥紧了拳头。曹勔一见更来劲了，谑笑道："你还想打人不成？说你是没爹的野孩子还不服，那你把你爹叫来！"曹恒也帮腔道："叫来你爹，我们以后就不叫你野孩子；叫不来，你就趴地上给我们当马骑。"

卫青再也忍不住了，两眼冒火，正要挥拳冲上去，这时公子曹襄走过来，斥责曹恒、曹勔兄弟说："你们太过分了，要注意自己的德行！"然后又对卫青说："别跟他们计较，回家去吧。"卫青感激地看了曹襄一眼，一声未吭便跑回家。见了母亲，他劈头就问："我是没爹的野孩子吗？"卫氏闻言微微一愣，问他发生了什么事。卫青将满腹的委屈与怨愤向母亲哭诉。卫氏听完，只说了一句："你有爹！我这就带你去找他。"她抓起儿子的手，朝郑季当差的河东平阳县衙走去。

县衙距离侯府有十多里路程，卫氏带着儿子一路快走来到县衙门口，嚷着要见郑季。一个衙役向大堂里喊道："郑功曹，有位妇人要见你。"郑季早听出是卫氏的声音，有些吃惊，因为卫氏平素说话总是轻声细语，未曾有过这般的高声吵嚷。郑季一溜小跑出了衙门，见果然是卫氏，她身边还有一个十岁左右的男孩，他一下子便明白过来，这是送子上门了。郑季有些生气地说："跑到这里来吵吵嚷嚷，成何体统！有事快说，以后可不许擅自来此。"

卫氏瞪了郑季一眼，压低声音说道："十年了，我们娘俩不找到这里来，你是不是想当作什么事都没发生过？我自己吃苦受罪倒也罢了，但你对亲生儿子总该尽点人父之责吧。为了孩子，我可以承受一切，但我无法替他承受屈辱，也无法解除身份给他造成的伤害！"

郑季闻言脸上红一阵白一阵，正要开口为自己辩解，卫氏紧接着说："今日把儿子送还给你，不管你有何难处都不要推脱，若不然，我就待在县衙不走了。"郑季心里暗暗叫苦，万万没想到这个一向逆来顺受的女人态度竟如此坚决，他若不接受这孩子，只怕卫氏会闹到县令那儿去，告他始乱终弃，连自己的亲生骨肉都不认。这样一来他不仅名声臭了，连县衙的差事也可能要丢掉。但若接孩子回家，夫人免不了要闹腾一番。两相权衡，郑季还是硬着头皮把卫青领回了家。一路上，郑季问了卫青很多问题，面对陌生的父亲，卫青除了告诉他自己的名字外，没有多说一句话。

郑家并非名门大户，但房屋还算宽敞。院子前后有两片平房，前面是五间正房，后面是三间正房、两间西厢房。郑季带着卫青悄悄穿过前房正堂，进了后面的厢房，让卫青在厢房等着，自己先去向老爷子如实交代此事,并求他认下这个孙子。老爷子认为四个儿子中,小儿子郑季是最有出息的,之所以做出这种荒唐事,与他的悍妻不无关系,所以,唏嘘几声便答应下来。

郑季的夫人杨氏果然大闹一场,不依不饶,但她心里也清楚木已成舟,闹下去对她没有半点好处,既然老爷子已认下这个孙子,不如就拿此事跟老爷子谈条件,从今往后她要当家做主。老爷子曾官至汉中大夫,也一直是郑家一家之主,而今杨氏要借机"夺权",为了一大家人能和睦相处,老爷子只好答应了她。

杨氏达到目的,自然十分高兴,更让她兴奋的是还可以随意使唤丈夫带回来的"野种"。她对郑季说:"郑家虽接纳了你的孽子,但不能白白养活他。大伯老得都快走不动路了,就让他接替大伯去放羊吧。"郑季对她给卫青派的差事不太满意,但也不想为了卫青与夫人闹翻,便叫来卫青,告知他从今往后他要负责放羊。卫青神色淡然,默默地接受了此事。

第二天晨曦初现,卫青便要赶着几十只羊到附近的山下放牧。他刚把羊赶出羊圈,郑家大伯便一瘸一拐地追了上来。郑大伯年近五十,头发花白,看上去比实际年龄要老得多。放羊的活虽已交给卫青,但卫青毕竟只是个十岁出头的孩子,而且从来没放过羊,进山后别说把羊照看好,能不迷路就不错了。郑大伯不放心,准备亲自带卫青几天。

水之南,山之北,为平阳。一条宽阔的河流穿境而过,这便是临汾平原的母亲河——汾河。蓝色的天幕下,汾河碧水清涟,蜿蜒东流,河面倒映着两岸绿树;河边有座山名为姑射山①,连绵的山丘,青青的草甸,一直从河边延续到远处的山林之中,生机盎然。这一带是郑大伯经常牧羊之地,卫青见他轻拍两下头羊的头,头羊便领着羊群到草地上吃草、撒欢去了。

郑大伯让卫青在一块光滑的石头上坐下,慢慢跟他讲起来:"要管好这群羊,先得把头羊调教好,让它只在你指定的地方活动,尤其不能让羊群深入山中。这一带全是高山峻岭(东界太行,西耸吕梁,北亘恒山、五台,中立太岳,南立中条,东南驰王屋,这些山又各有支脉、余脉无数),山名多得都记不下来,平常放羊便在这姑射山下、汾水边。稍远也可去云丘山,那边是关王庄,离郑家庄较远,因此我在那儿搭建了窝棚和简易的羊圈。"

卫青不解地问道:"这儿青草多,羊都吃不完,为什么还要远去云丘山?"

郑大伯看了卫青一眼,微笑道:"冬天即便是下雪,还是要放羊的。但还未入冬,这儿能见青的草木便会被啃食殆尽,甚至没水分的枯草根也找不见。而云丘山那边有数口清泉,出水如春夏一般温热,而且那里的不少草木四季常青,足可喂饱羊群。但那里距离郑家庄较远,不能当日返回,搭个窝棚既可防风避雨,又可在冬天短时夜宿。"

卫青一边听一边点了点头。郑大伯望着远山,接着说:"其实,放牧之苦不在于风餐露宿、日晒雨淋,而在于无边的孤寂。

---

① 姑射山:又称藐姑射山,为吕梁山余脉。

但你若能融入这天地辽阔的空明之中,有与天地万物亲近的心境,则可蚊虫不叮、豺狼毒蛇不啮、浮世万象不显。当你的心彻底宁静,便可听清风之声,闻花草之语。"

卫青恭敬地聆听郑大伯的教诲,心想:这放羊还能放到这种境界吗?他正要再问,却见郑大伯已仰面躺在大石上,微闭双眼不再说话,他只得把话又咽了回去。

第二天,卫青起得更早,因为郑大伯要带他去更远的放牧地。郑大伯虽然年老且腿脚不便,但走起路来一点也不慢,这让卫青很是佩服。郑大伯对他说:"走路时最适宜的步调,莫过于与呼吸一致的步调,气始于自然之界,顺应身心,过急则损精耗神,过缓则疲心怠意。"卫青认真地听着,感觉郑大伯更像一个隐世的高人,而不是一个牧羊人,猜想他身上定然隐藏着不为人知的故事,以后一定要找个机会探问一番。

他们赶着羊,抄近路,约一个半时辰便到了云丘山附近的草场。郑大伯像昨天一样拍了拍头羊,把羊群往草场一放,然后带着卫青走向他搭建的窝棚。窝棚以楠竹为骨架,茅草为天盖,看着还挺结实。窝棚四周撒了些硫黄。卫青走进去一看,棚内只有一张用木棍搭成的矮床,上面铺了很厚一层干草,再上面则是一张草席。郑大伯坐到草席上,从包袱里拿出几个粟米饼和一小罐咸菜,叫卫青一起吃午餐。他一边嚼着饼,一边说:"在山野放羊,比羊鞭更重要的是长砍刀和火石,这是野外生活必备的。如果想改善生活,还可寻些桑枣子、龙葵、蛇莓、刺梨子之类的野果子来吃。野鸡野兔也不难逮到,不过那需要更多的工具和猎捕的本领。"

卫青牢牢记住了郑大伯的话。填饱肚子后,他便登高辨别方向,熟悉这里的环境。斜坡上,尽是高大的苍松绿树,树底下满是厚厚的、多年积下来的松针,散发出松柏的清香。微风吹来,带来远处青草和野花的香气。卫青远眺四周,山峰高耸入云端,或丹或褐,前簇后拥,脚下便是绝壁,怪石林立、沟壑纵横,连绵不绝的山涧环绕其间,整个山脉云雾弥漫,宛若仙境。卫青内心深为震撼,回首南望,只见绿水、青山、草地、牧童、羊群、马群,构成了一幅恬淡、优美的画卷。

卫青满心欢喜地看着这美景,顺便搞清楚了大致方位,好一会儿才依依不舍地折返回去。他看见了远处的马群,觉得养马更有意思,毕竟马倌总比羊倌听上去更威武些。他走到郑大伯身边,奇怪地问道:"郑家为何不养马?"郑大伯闻言神色一下子黯淡下来,他抬头看了看已经偏西的太阳,淡淡地说:"今日怕是回不去了,过会儿我们就把羊群赶进羊圈里去。"

卫青见郑大伯似有不悦,主动问道:"需要做什么您吩咐我就行。"

郑大伯教他应做哪些事情。卫青立刻行动起来,先用皮袋从溪泉中打来清水,灌满几个粗瓦盆,再把羊群赶进圈里,又把中午吃剩的食物摆放到大木墩上作为晚餐,之后抱来枯叶堆成两大堆,生烟驱蚊……

当一弯明月升起的时候,郑大伯和卫青默默地躺到了矮床上。过了不知多久郑大伯缓缓地说:"郑家也是养过马的,而且是从西凉弄来的良种马。十几年前，景帝发诏河东郡，招募数百名青壮年参战抗击匈奴。父亲命我应征，以求建功立业。那时我已年过而立，却一事无成，便欣然从命。因为郡府招募的兵勇都自带武器装备，我便挑了自家的良马、弓箭和环首刀随军出征。哪知天生异象，东面的皇家七王乘机发动叛乱，起兵向西进发。为了平息内乱、安抚诸王，景帝杀了主张削藩的御史大夫晁错，派袁盎通告七王，但七王仍不罢兵，继续向西包围了梁国。景帝派大将军窦婴、太尉周亚夫率军讨伐。我也在军中，却不知不是去抗击匈奴而是去平乱。更倒霉的是，在第一次与叛军交锋时，我的战马被箭射中受了伤，因而行动迟缓。我欲催马疾进，可那畜生却掉头而跑，我被重重地摔下马背，小腿伤了，腰也伤了。战后评功，我还被当作逃兵。"说到这里，郑大伯已声音哽咽。

卫青听了郑大伯的伤心事，心中也平添几分酸楚和悲戚，但又忍不住好奇地问道："那后来呢？"

郑大伯叹了口气，接着说道："幸亏景帝赦免了逃跑的士卒和一些被迫谋反的诸王臣下，我回家养好了伤，但再也不能干体力活了，更失去了建立军功的机会。我心灰意冷，但我的儿子降生了，我不得不为了妻儿活下去。父亲对我说，你就专心在家养那几匹马吧。后来我用那几匹马换了一百多只羊。十几年来，我从未向任何人吐露心声，甚至没对我妻儿提过半句。"

卫青感动地说："大伯您是个好人，我会把羊照看好的。"

此后，卫青正式开始了牧羊生活。放牧地有一块草木更丰盛的地方，要越过一条溪涧，夏季雨水多，涧水急，涧宽不过四五尺，但那些才两三个月大的羊羔不敢冒险一跃。卫青只得将小羊一只只地抱过溪涧。小羊在慢慢地长大，卫青的气力也因此与日俱增。

为了排遣放羊时的寂寞，卫青开始细细回想韦先生教授的《道德经》《易经》《诗经》等内容，一遍又一遍用树枝在草地上、用小刀在竹片上书写温习。他渐渐明白《道德经》的精髓在于阐明了作为一个强者，应该如何思考、说话、行动。他把"知其雄，守其雌，为天下谿。为天下谿，常德不离，复归于婴儿"①这两句刻在了一棵大树上。不过当时他还并没有真正明白读书识字会让他成为一个强者的道理。

卫青还自制了一把竹剑，每天练习韦先生教他的那套剑法。但无论他把招式动作练得多么娴熟，都仍然感受不到这套剑法的力道。于是，他从郑大伯那里借来一把锈迹斑斑的环首刀来练，并仿照剑法自创了一套刀法，渐渐感觉到刀比剑更有力量。

半年很快过去了。入冬后，卫青更多的时候是去云丘山麓放牧，那样就无法每天回家了。独立的野外生活，使他变得更加坚韧、顽强。其间，他主动与关王庄的一个小马倌接近。小马倌比卫青年长一岁，其真实姓名无人知晓，人们都叫他"蕨"，他的父亲是一个囚徒，他则是郡都尉家的牧童。他们很快便成了好朋友，经常轮流看守马群和羊群，让另一人有更

---

① 出自《道德经》，意思是做人要懂得刚强，也要懂得安守柔和的状态，甘愿做天下的溪涧，不露锋芒。不偏离永恒的德行，逐渐回到像婴儿时期那样纯真、柔和的境地。

多的自由活动时间，偶尔也一起设陷阱抓野味，甚至还有一次与几只凶猛的野猪对抗。卫青对骑马很感兴趣，蕨每次都会让卫青骑马跑上几圈。不过，这是有风险的，若是被蕨的主人知道，他少不了要挨鞭子。

与蕨的交往给卫青带来了不少快乐，但苦难的日子并没有结束。这年冬季的一天，早晨原本晴朗的天气到午后却突变，刺骨的寒风呼呼地刮着，一场暴雪接踵而至。仅仅半个时辰，大地、河溪、远山、枝头便一片洁白。头羊带着羊群东奔西窜，卫青好不容易控制了头羊，准备把羊群赶进羊圈，但他转念一想，这场雪不知要下多久，这个简易羊圈起不到御寒的作用，羊圈里也没有准备干草，于是他决定冒雪将羊群赶回郑家去。

羊肠小道已经被大雪覆盖，卫青赶着羊群，凭着记忆摸索前行，由于积雪路滑，路上他不知道摔倒多少次，有好几次差点跌入山涧，手上、身上满是被石块划出的伤口。天越来越黑，大雪还在不停地下着，卫青的双手早已冻僵，身上只穿着单薄的衣服，无法抵御刺骨的寒风。他想，如果母亲在身边，她肯定会给自己做一件御寒的棉衣，但郑家只会不停地指使他干活，从不关心他是否穿得暖、吃得饱，难道自己真是没人关心的"野孩子"吗？卫青一边想着，一边用手使劲搓了搓快冻僵的脸，继续赶着羊群向郑家庄走去。等他回到庄口的时候已是深夜，雪仍在下，他被冻得浑身颤抖。他摸黑将羊群赶进郑家的羊圈，又给圈里添了一些干草，然后给几个瓦盆加了清水，这才准备去后屋伙房吃点东西。可是，他来到前屋门口却发现大门紧闭。他在外面不停地叫门,却无人应答。此时他的手脚早已冻得僵硬,没有半点知觉,那冻裂的口子里有鲜血渗了出来。

过了不知多久,卫青的一个异母兄弟裹着厚厚的羊皮袍子,缩着脖子来开门,一看是他,"啪"的一下又把门关上了。里面传来郑妻杨氏的声音:"儿子,是谁在外面呀,这么大雪天的?"

"一个要饭的,您就别管了。"卫青的那个兄弟答道。

卫青的心凉透了,心想今夜怕是进不了自己房间了,他只得返回羊圈,与那群羊挤在一起。疲倦至极、饥肠辘辘的他,总算获得了一丝丝温暖,不一会儿便沉沉睡去。第二天早晨,尚在睡梦中的卫青被父亲郑季严厉的声音惊醒了:"你怎么还没有去放羊?"

卫青睁开惺忪的双眼,略微愣了愣,答道:"雪大,野外无处可放。"

郑季"哦"了一声,头也不回地走了,根本没有问卫青为何睡在羊圈里,肚子饿不饿,身子冷不冷。望着父亲离去的背影,卫青委屈的眼泪禁不住夺眶而出。

但伤心、绝望、愤懑对他来说毫无意义,生活还要继续。他从草堆上爬起来,饿着肚子给羊群喂了些干草,才到伙房去寻点吃食。

日子就这样慢慢地熬着。到了第二年初夏,卫青改变之前先近后远的放牧方式,把近处的草场留着以备秋冬之用,而先去云丘山山麓放牧。这样就避免了冬天冒雪赶路的艰险。

一天，卫青在一处山泉边洗了一把脸，抬头一看，一群马正撒开四蹄向溪边奔来，他大吃一惊，不知发生了什么事。待马群跑至泉边，挤在一起饮水，他才看出这些马是渴急了。他起身仔细观看，见这些马匹的头比较长，鼻梁隆起微呈兔头型，颈宽厚，躯干平直，胸廓深广，体形粗壮而舒展，骨量充实，肌肉强健，背腰平直，看上去雄壮有力。卫青猜想这些马该是河曲良马，很想试骑一下，他见四下无人，便挑中一匹马，一个跃身骑上马背，正要策马扬鞭，突然传来一声暴喝："大胆小子，赶紧滚下来！"他循声望去，只见一个十四五岁的华服少年和十个全副武装的军士骑马从远处急奔过来。卫青一时不知所措，直到两个军士粗鲁地把他从马背上拖下来，他才醒悟过来，顺势单膝跪地，连声道歉。一个军士正欲挥鞭抽向卫青，华服少年制止道："算了，他不过一乡野小子，不知规矩罢了。"然后他又转身对卫青说："我是当今太子的骑郎公孙敖，我们在这里转了几天，有点辨不清方向了。你是本地人吧，能引我们走出去吗？"

"你们要去往哪里？"卫青问道。

公孙敖说："我们要将这些战马送往渤海郡平曲城，哪条路好走？"

"我只知须过洪洞，越过太山（太岳）往东北走。"卫青边说边用手指了指方向。

公孙敖道谢后，跟那些军士赶着马群往洪洞方向而去。

卫青羡慕地望着公孙敖一行骑马远去的身影，喃喃自语道："若能做个骑士，那该多威风啊。"

第三节 钳徒的预言

与公孙敖的偶遇，看起来只是卫青人生中的一个小插曲，但命中注定他们还会再次相见。这还要从匈奴的入侵说起。

景帝后元元年（前143年）六月，匈奴入雁门关，到达武泉，攻入上郡，掠取牧马场的马匹，汉军将士战死者数千人。

次年春，雁门太守冯敬率部与匈奴人交战数日，力战而死。史书对战斗场景没有记载，后世诗人李贺在《雁门太守行》中这样写道："黑云压城城欲摧，甲光向日金鳞开。角声满天秋色里，塞上燕脂凝夜紫。半卷红旗临易水，霜重鼓寒声不起。报君黄金台上意，提携玉龙为君死。"诗句展现了战场上苍凉悲壮的场景。

雁门太守冯敬是由御史大夫改任郡国太守的，这样的要员战死沙场，朝野震惊。景帝下诏以车骑（战车骑兵）、材官（地方兵种）兵屯雁门关。这么做有两个原因：一方面，大汉朝廷与匈奴的关系在悄然发生变化；另一方面，景帝龙体抱恙，对很多事情力不从心，匈奴这次犯边，是战是和，他还没考虑周全。

说到汉朝廷对匈奴的政策，还得重提高祖刘邦与韩王信的一段往事。乙未二年（前205年），刘邦派韩襄王的庶孙信在颍川阳城击败了项羽所封韩王郑昌，随即以信为韩王，称韩王信。过了四年，刘邦觉得颍川的战略位置太过重要，韩王信又是个能征善战的异姓王，正好北方不断有匈奴骚扰，他就把韩王信改封到太原以北之地，建都晋阳，防范匈奴。韩王信上书表示为了更好地抵御匈奴，请求建都马邑，刘邦很快答应下来。

乙未六年（前201年）秋，匈奴冒顿单于率大军南下，把马邑城团团围住。韩王信刚改封到这里，根基不稳，而匈奴早已趁秦末中原大乱时快速崛起，以韩王信的实力，他根本不是匈奴大军的对手。所以，他一面派人向刘邦求救，一面跟冒顿单于谈判，希望求得和平并且拖延时间。此时汉军主要集中于关中地区，一旦匈奴南下，想要从关中发兵前去救援，时间上根本来不及。但刘邦还是发兵来救了，毕竟马邑丢不得。援兵来到马邑之后，发现韩王信竟擅自与匈奴议和，貌似关系还挺密切，便怀疑他跟匈奴人有所勾结，于是派使去斥责韩王信。韩王信一时进退两难，一方面怕匈奴人攻打自己，另一方面又怕朝廷误会自己。韩王信跟随刘邦多年，知道以刘邦的性格，既然已经对自己有所猜忌，就不会放过自己。他一不做二不休，一番斟酌之后，决定献出马邑，向冒顿单于投降。为了表示诚意，他还发动大军，同匈奴人一起攻打晋阳。

随后，冒顿单于继续往南进军。刘邦不得已，只得披甲上马，御驾亲征。第二年冬天，刘邦亲自率领大军攻打韩王信，在铜鞮击败韩王信的军队，斩杀了他的部将王喜。韩王信率领残部北上，与冒顿合兵一处。韩王信的手下曼丘臣、王黄等人推举赵利为赵王，并派人北上同韩王信、冒顿单于商议一起攻打汉王朝。冒顿派左右贤王率领一万多骑兵，与王黄会合，一起攻打驻守晋阳的汉军。

晋阳的汉军十分骁勇，几次打败匈奴人的进攻。刘邦原本就看不起匈奴人，接连的胜利让他更加轻敌。听说冒顿单于在代谷驻军，刘邦决定借此机会将匈奴人一举灭掉。所谓知己知彼，百战不殆，刘邦先后十次派人前去打探军情，做好了情报工作。但是，游牧民族在战斗方面的经验也是不可小觑的，冒顿单于有着敏锐的军事嗅觉，他展示给汉军情报人员的都是城内的老弱病残，精兵强将都藏了起来。刘邦所派的探子十次刺探，十次看到的都是老弱残兵。于是，刘邦率大军向平城进发，想一举拿下单于老巢，不料大军到了平城白登山之后，匈奴的数十万大军突然出现，把刘邦困在白登山七天七夜。好在陈平巧施妙计，刘邦才从白登山脱身。

刘邦这次吃了匈奴人不小的亏，回朝后就一直反省自己到底错在了哪里。他首先想到，王朝新立仍有内忧外患，需休养生息，费财费力攻打匈奴，只能是劳民伤财；其次，汉军劳师远伐，根本就不是善骑射、机动性强的匈奴人的对手，战则利少弊多；其三，倘若派列侯、大将戍边，在那苦寒之地难保不会出现第二个韩王信。于是，刘邦向谋士刘敬问计。

刘敬建议说："这世间只有婚姻关系还算牢固，不如与匈奴联姻，陛下把公主下嫁冒顿，他身为您的女婿，自然会感念皇恩。而公主当了皇后，将来的孩子就是单于继承人，大汉可兵不血刃拿下匈奴。"

刘邦有些为难地说："计策倒是不错，但我泱泱大汉，如何能把尊贵的公主许配给番邦蛮夷？"

刘敬答道："这事不难解决。陛下后宫有不少宫女，只要将宫女封为公主,就可以代替皇室公主远嫁匈奴。"

刘邦闻言大喜,决定依计而行。乙未九年(前198年),刘邦将一名宫女以皇女身份嫁给冒顿单于为妻(原本准备将鲁元公主送去和亲),从此开了汉匈和亲之先河。

刘邦之后,汉王朝的几代皇帝都奉行与匈奴和亲的基本政策。不管是惠帝刘盈、文帝刘恒还是景帝刘启,都遵循了这一政策。

但是,以和亲来维持和平不是一劳永逸,边境战争仍时有发生。景帝时期,派遣"苍鹰"郅都为雁门郡太守,命他抗击匈奴。郅都为人公正,执法严格,匈奴人都十分畏惧他。他刚抵达雁门郡,匈奴骑兵便全军后撤,远离雁门。

但景帝生母窦太后十分仇视郅都。原来,郅都任中尉时,曾审问太子刘荣侵占宗庙土地修建宫室一事,太子在中尉府受审时自杀身亡。窦太后虽不喜欢刘荣,但她一向护短,绝不会允许自己的子孙被臣子威逼而死。所以,当她得知景帝仍重用郅都,立即下令逮捕郅都。景帝替郅都辩解道:"郅都忠君爱国,是忠臣。"窦太后怒斥道:"临江王(刘荣)难道就不是忠臣吗?"在她的强力干预下,郅都最终被杀。郅都死后不久,匈奴骑兵重新侵入雁门。景帝无奈,只得继续与匈奴和亲,送女人、送财物,此时匈奴只是"时小入盗边,无大寇"。

可是没过多久,匈奴再次进犯雁门。景帝躺在病床上,忧心不已。窦太后虽然早已双目失明,但对朝中的大事小情了如指掌。她并不喜欢这个当了皇帝的长子,而且因为幼子梁王刘武之死而迁怒于景帝,但事关大汉的江山社稷和皇家的脸面,她仍需操心。窦太后没有去探视景帝，只是让人把太子刘彻叫到自己宫里，对他说："匈奴为大汉之患已久，此次犯边更是让朝廷颜面扫地。朝廷虽已颁诏募兵，但未必会有什么好结果。你身为太子，理应代父巡狩，你愿意去做这件事情吗？"

刘彻对这位祖母一向非常尊敬，很干脆地答道："孙儿定将谨遵懿旨，竭力而为！"

景帝后元二年（前142年）冬，刘彻入未央宫探视景帝，同时命骑郎公孙敖先行一步，赶往距都城一百八十多里的甘泉宫（陕西淳化县西北甘泉山下），为征召囚徒、百姓戍边做准备。

公孙敖骑马到达甘泉宫时天色已晚，偌大的宫群内只有几个年老的仆人。他直接来到紫殿、泰时殿——这是太子处理军务的地方，让人细细收拾一番，然后便去寝殿歇息。公孙敖躺在床上正要迷糊入睡，突然听到窗外刮过一阵带着啸声的寒风，令人毛骨悚然。他顿时吓得睡意全无，起身看向窗外，天空中飘起了雪花。原来只是下雪了。他正要回去睡觉，突然又传来轰隆隆的雷鸣声。冬天居然有滚滚惊雷，天生异象，不知预示的是祸是福。不久他便沉沉睡去。

同一天傍晚，距离甘泉宫千里之遥的云丘山下，卫青与好友蕨约好一同前往甘泉宫，因为蕨已经从河东郡都尉那里得到消息，他的囚徒父亲将应募从军。卫青见蕨一脸忧色，劝慰道："你的父亲有机会从军立功洗脱罪名，是一件大好事，你又何必如此悲戚哀伤呢。"

蕨说："你有所不知，此次募兵是去与匈奴打仗，我听说以前历次北征匈奴,汉军都十无一还,钳徒①从军其实就是去送死。"

卫青不解地问道:"难道大汉就没有一个猛将打得过匈奴人吗?"

蕨看了卫青一眼,没有回答。

五天后,卫青和蕨来到甘泉宫前,只见宫外站着两排手持长戟的卫士,个个昂首挺胸,神色肃然,威风凛凛。蕨心生怯意,犹豫着要不要继续往前走。卫青见状,便向一个看似卫士头领的人问道:"请问在哪儿报名从军?"

那人看也没看卫青一眼,简洁地应道:"去前殿。"

卫青拉着蕨直接奔前殿,但到了应门,被宿卫拦住了。太子代父巡狩,才有宿卫跟随,对进出宫门的人自然要严格盘查。卫青上前与之争辩,一个宿卫不由分说,一脚将他踹倒在地。蕨看到朋友挨打,挺身上前拦在卫青面前。又一个宿卫正要向蕨挥拳,这时传来一声呵斥:"住手!"

来人正是太子骑郎公孙敖。他向宿卫询问怎么回事,目光却扫向被踹倒的卫青,见其眉宇间隐隐透露出一股英气。他觉得这人似曾相识,却一时想不起来。宿卫说,这两个人要强闯宫门。公孙敖自然不信,他问卫青:"你们来这里干什么?"

卫青见公孙敖说话和气,忙起身说道:"回大人话,我是郑家庄的牧童,朋友打听到他的父亲已从京郊的狱中放出,在此登

---

① 钳徒:受钳刑的犯人。钳刑是用铁圈系颈的刑罚。

记入册,即将前往雁门戍边。他担心父亲此去便无再见之日,特地赶来,想见父亲一面。请大人通融成全。"

公孙敖终于想起眼前这个少年就是去年在云丘山下给他指路的那个羊倌,没想到他说话竟如此有条理,显然是知书识礼之人,对他更添了几分好感。公孙敖对宿卫说:"这少年孝心可嘉,让他进去吧。"说着用手指了指蕨。

蕨还有点迟疑,卫青忙拉着他往里走。公孙敖还有点不放心,亲自把他们引到前殿,指了指偏殿对蕨说:"已登记入册的钳徒全都集中在这里,你见了父亲后就赶紧出来,不可多逗留。"

蕨自己进了偏殿,卫青则站在廊下等候。这时,一队入册钳徒从廊下走过。有个脖子上依旧戴着铁枷的囚徒走到卫青面前时,突然停下脚步,细看他的相貌后说:"这位小哥,眼下看似落魄,却气宇非凡,有贵人相貌,将来定会发达,当可拜将封侯。"(《史记·卫将军骠骑列传》)卫青讪然一笑道:"我身为奴仆之子,能不挨他人打骂就心满意足了,哪里谈得上立功封侯呢?"

当时公孙敖还未走远,清楚地听到了钳徒的预言,不禁哑然失笑:"拜将封侯?这钳徒太会说笑了,如果没有战功,只怕我这辈子都毫无指望,何况这个身份卑微的牧羊人?"

卫青从甘泉宫出来后,虽然没把钳徒的预言放在心上,但他内心生出了一股不服输的精神:哪有什么命由天定,每个人都可以通过不懈的努力,改变不幸的命运。

第二章 人生转机

第一节 公主府骑奴

从甘泉宫回来，卫青不出所料地受到了严厉责罚。他和蕨虽是骑马往返，但仍耽搁了十几天的时间，幸好他事先请郑大伯帮忙给羊喂草，不然那群羊不冻死也饿死了。

在郑家，只有郑大伯对卫青还有一点怜悯之情。他得知卫青除了挨鞭子还被罚三天不许吃饭，担心卫青熬不过去，便悄悄给卫青送吃的。卫青几次想逃离郑家，但他想到自己逃走后，放羊的苦活还得郑大伯来干，又有些于心不忍。他已经为自己想好了退路，再熬两三年就去从军，即使不能像钳徒预言的那样拜将封侯，也要拼死立下战功，改变自己的家奴身份。

景帝后元三年（前141年）十月，接连发生了日食和月食，太阳和月亮连续五天呈现红色，并且寒冬现惊雷，五大行星逆行。公孙敖对太子刘彻说："殿下，自入冬以来，几次天生异象，怕是会有不祥之事发生，还请殿下速速回京，以防不测。"

在甘泉宫的这些天，太子刘彻心中也隐隐感到不安，如今听了公孙敖所言，他决定立刻回京。就在刘彻回到长安的第三天，也就是景帝后元三年（前141年）正月甲子日（正月二十七日），景帝在未央宫驾崩。当日，年仅十六岁的太子刘彻继承帝位，是为汉武帝。

对于京城发生的震动朝野的大事，卫青一无所知，更不可能预料到新登基的武帝会与自己发生怎样的命运交集。但郑大伯的死，却迫使他重新选择了自己的人生之路。

这年盛夏，卫青如往常一样到云丘山麓放牧。没想到大雨接连下了几天，他带的干粮吃完了，饥肠辘辘，还得趁大雨间歇去割青草喂圈里的羊。一天傍晚，卫青躺在窝棚里想办法。这时，一个头戴斗笠、身披蓑衣的人走进窝棚，卫青抬头一看，惊讶出声："大伯！"他连忙起身，把郑大伯请进来。

"我估摸着你带的干粮快吃完了，专门给你送点吃的来。"郑大伯看了漏雨的窝棚一眼，接着道，"快吃点东西吧。看这天气，明天不一定能回去。"

卫青心头一热，哽咽着说不出话来。

第二天，雨还在下，只是比前几天小了些。卫青不想继续待在这里了，与郑大伯一起把羊群赶回了郑家。然而，郑大伯回家后就病倒了，卫青要早起放羊，没时间照顾郑大伯，他只得在附近放牧，晚上回家后就去探望郑大伯。郑大伯面色灰白，形如槁木。他拉着卫青的手,语重心长地叮嘱道:"那群羊对郑家来说并没有那么要紧,你若有更想做的事情,就只管去做。我看你并非池中之物,不能像我这样把自己埋没在这山沟沟里。"卫青点点头,他没想到这竟是大伯的遗言。

没过几天,郑大伯便去世了。郑大伯死后,郑家对卫青更加苛刻。又是一个雨天,卫青把羊赶回羊圈后,又给羊群添了些夜草和清水,这才准备进屋吃晚饭,可大门早早就关上了。卫青叫门,好一会儿屋里人才应道:"你就睡羊圈吧,夜里可能还会下大雨,正好可以看看哪儿漏雨,顺手修补一下。"

卫青身上湿漉漉的,心里更是凉透了,郑家已没有人能再给他一丝温暖。他心想,天下之大,竟无自己容身之处!他想逃离,可又能去往何方?暮色渐深,他纠结许久,眼下除了重回母亲身边,别无选择。

卫青冒雨一路奔走,回到平阳侯府时天已经黑了。他匆匆走进那间熟悉的小屋,一盏如豆的油灯在昏暗中散发幽光。卫媪见儿子突然回来,愣了一下,然后高兴地说:"青儿回来了?快进来吧。"

卫青低唤一声:"娘!"接着鼻子一酸,眼泪就出来了。

卫媪放下手头的针线活,拉着儿子的手,上上下下打量了一番,笑道:"够高了,只是显瘦。"她又伸手摸摸他的衣服,"去院子东面你二姐那里换件衣服吧,我把饭菜给你热热。"

卫青一脸疑惑地望着母亲。卫媪说:"府院东侧有个小宅子,你二姐就住在那儿。"

卫青过去换完衣服，和卫少儿一起过来了。卫媪让卫青去吃饭，自己与女儿说些悄悄话。卫少儿已经有了身孕，尽管她刻意遮掩隐瞒，但已经生育过七个孩子的卫媪岂会看不出来？她知道这个孩子肯定是霍仲孺的，但并不想去追究、责难。

霍仲孺是平阳县的一个衙役，前年（前143年）被派到平阳侯府为家丞，负责处理侯府一切事务，小到日常开支，大到田庄收入，都由他一手掌管。汉武帝登基，平阳侯曹寿和平阳公主去京城朝贺，住在阳信公主府（即平阳公主出阁前的府邸）未回封地，平阳侯府也就没有多少事务需要打理了。霍仲孺整天无所事事。随后，平阳公主又将一部分年轻的、有一技之长的家仆带到了京城，其中就包括卫青的大姐卫君儒、三姐卫子夫，剩下的一部分老弱者，或遣散，或留在平阳侯府干点杂活。

卫少儿没去京城，因为她与侯府家丞霍仲孺"恋爱了"，并很快珠胎暗结。卫媪明知这是一桩孽缘，却又无力反对。卫少儿有了身孕后，霍仲孺在侯府外置办了一座小宅让她居住。看着女儿的身子越来越重，卫媪叹道："为娘无能，生下你们，却不能让你们有个好的出身。原本指望青儿能依靠生父脱离苦海，看来也是没有指望了。"说着忍不住抹了一把眼泪。

卫少儿劝慰母亲说："娘，您拉扯我们长大，已经很不容易了，往后怎么个活法，就各有其命了。"

卫青几口就将一大碗粟米饭装进了肚子里，这个时候他才有心思问及其他家人："怎么不见大姐和三姐？还有卫步、卫广呢？"

卫媪看了他一眼，没有答话，反问道："你这几年过得如何？是偷偷逃回来的吧？以后作何打算？"

卫青低声说："我想从军。"

"从军？"卫少儿说道，"听说男子满十五岁方可从军，你还不到十四岁，如何从得了军？"

卫青说："我已经长大了，何况只有从军才有出路。"此时的卫青已经明白，母亲当初狠心送自己去郑家，只是因为父亲的宗祠比母亲的血脉重要得多。遗憾的是，就算忍受了那么多的痛苦，他依然没有得到父亲的认可。

卫媪闻言，又潸然泪下："娘知青儿受苦了，才回家就想着要走！不愿在娘身边多留片刻……"

卫青见母亲伤心，一时不知所措，半晌才嗫嚅道："可我在这儿，除了给娘添麻烦，又能干什么呢？"

卫少儿看向母亲，说道："青儿留在这儿确实无事可做，不如让他去都城平阳公主府做一两年仆役。能不能有出息，只看他自己努不努力，待他长大，再自奔前程吧。"

卫媪眼神流露出几分不确定："他本属侯府奴仆，自当侍奉侯爷、公主。可他如何去得了京城？"

卫少儿说："仲孺正好要去京城，向侯爷秉请秋后田赋之事，可让青儿随他同去。若不成，再另作打算。"

卫青点头表示愿意一试。于是，霍仲孺就带着卫青一起来到长安，拜见平阳公主。霍仲孺向平阳公主介绍了卫青的一些情况，然后说："这孩子想在侯府谋点事做，能养活自己就行。"

卫青赶紧下跪道:"拜见公主。"

平阳公主打量了卫青一番,心里暗自赞道:好一个英俊精壮的少年。这个头,这长相,她都很满意,于是笑道:"起身回话吧。你多大了?"

卫青答道:"回公主,十三岁出头。"

"可曾受过启蒙?"平阳公主问。

卫青回道:"学过《仓颉篇》。还有,韦先生教授过《道德经》《易经》《诗经》。"

"不错。"平阳公主又问,"会写字吗?"

"会写,但写得不好。"卫青道。

"一个放羊娃,能识字写字就不错了。府中倒是有不少事情可让你做,你自己愿做点什么?"平阳公主说完,心中思忖,侯爷对卫媪亡夫的救命之恩至今未忘,而卫媪也在府中效力三十余年,对她的儿子还是应当优待些。

"谢公主……"卫青不知该如何应答。

平阳公主说:"府中需置一录事,你可愿充当?"

卫青一脸茫然,不知录事是干什么的,吞吞吐吐地说:"奴仆只放过羊,怕是做不了录事。"他瞟了一眼平阳公主,赶紧垂首敛目。

"那这样吧,你先在府中做骑奴试试。"平阳公主说。

卫青跪地叩头道:"奴仆愿意侍奉公主。"

平阳公主起身打算离去,又嘱咐道:"侯府有很多规矩,侯爷出行也有很多礼仪,有人会教你,你要好好地学。一个月之内学不好，就做不了骑奴。"

"奴仆谨记公主教诲。"卫青朗声道。于是，卫青三年的骑奴生活就此开始了。

骑奴其实就是骑马随从的仆人，平素无事就为主人家牧马；主人外出则骑马相随，充当护卫，也兼有仪仗的作用。因为仪仗是主人的脸面，所以骑奴们都是高大俊秀的年轻人。卫青虽然不满十四岁，却已经长得很高了，又生得一副好相貌。他需要学的是规矩、礼仪、骑术和武艺。

公主府有骑奴十余人，都是年轻精壮的小伙子，大家轮流当值。因朝廷诏令侯、郡不得用粮食喂马，所以牧马要到灞河边去，离公主府小半天路程，清早去傍晚归。卫青有数年牧羊经历，加上他喜欢马，上手也就格外容易。而且，他性格温和，很快就得到了府上众人的喜欢。从公主府的执事，到一起共事的骑奴，大家都乐于教他。卫青原本就识字，人又聪明好学，无论是规矩、礼仪，还是骑术、武艺，通通一点就会。

转眼一个月过去了，这天阳光明媚，秋风送爽。平阳公主吩咐下来，准备外出，还特别交代要带武器，十名骑奴均听从卫青指挥。卫青早早准备了三辆车辇，还有一把长长的环首刀。他把需要准备的东西检查了很多遍，生怕出一点纰漏。

一切准备就绪，平阳公主在四名侍女的陪伴下走到车辇前。卫青赶紧在车辇前单膝跪地，躬下身子。平阳公主微微一笑，在两名侍女的帮助下踏着卫青的背上了车辇。卫青起身站在车旁，虽身体有些僵硬，心里却十分激动。

平阳公主的车辇出了侯府往东南而行，没走几里就进入一片林地。向南远眺，青雾萦绕，黛色朦胧，太一山隐约可见。继续往前，过浐河便是灞上北端，再向北则见灞水。

平阳公主一行在灞上驻足。杂役为公主安排歇息处，卫青等人下马立于稍远处进行护卫。灞河携着滔滔的河水，从远方苍黑而雄伟的秦岭发源，一路逶迤而来。此时虽已入秋，但长达一百多里的河岸柳仍然青绿，万枝柔条低拂灞河水面，别有韵致。

歇息片刻后，公主府家令安排了一场特殊的比赛，让卫青从侍从中任意挑出一人比试刀剑。卫青没有多想，挑了一个大个子骑奴。二人走到空地，先试探了几招进行热身。场外众人看到两人拿的都是木刀木剑，不禁哑然失笑，想着这也就是哄哄公主高兴，但细看他们使出的剑法和刀法，又觉得他们还是有一点套路的。在一旁看着的平阳公主见两人刀剑使得有模有样，不住地点头表示赞许。

"卫青，你进步很快啊。"大个子骑奴笑道。

"你也是。"卫青回道，随即招呼，"小心，看招！"他手上持刀，脚下开始移动，突然踏前一步，一个纵身人已在空中，在身体越过大个子骑奴的瞬间将刀直接抹向对方的脖子，引得旁人一片惊呼。大个子骑奴来不及躲闪，木剑一横朝上架去，身子猛然大幅度后仰，在倒地的过程中脚下使力，使自己弹起尺余，横剑护住上身，弹起的脚重重地踢向卫青。卫青在空中无处借力，只得硬生生接了他一脚，借这一脚之力，身子迅速飞向一边，而侍从在身体触地后顺势一个滚翻已经站立起来。

这几招几式的力道、速度都不弱，刚才还在暗地里嘲笑他们的几个骑奴都心中一惊，不自觉地摸向自己的脖颈，感觉凉飕飕的。当他们还在思考自己能不能躲过这一招的时候，那边已经又打在了一起。

数十个回合后，两人收剑站定，向平阳公主行礼。

"好，不错！"平阳公主拍着手赞道，她并不会武功，但也看得出卫青的本事已在多数骑奴之上。

公主府家令笑眯眯地走过来，对卫青说道："今日你的三项测试全都过关了，恭喜！"

卫青这才明白过来，这是平阳公主对他的测试，幸好自己的表现还算不错。

平阳公主见卫青脸上露出一丝得意之色，告诫道："这只是你成为骑奴的起点，往后还有很多东西要学。"

卫青恭敬地回道："奴仆定当加倍努力，绝不负公主厚望！"

第二节　卫子夫的好运气

回府后，卫青还得准与两个姐姐相见。

卫青的大姐卫君孺善良仁厚，遇事不惊，弹得一手好琴，是平阳公主府的琴师。平阳公主虽已许她出嫁，但其夫家嫌弃她身份卑微，暂不考虑纳娶，以致她二十出头了还未嫁人。二姐卫子夫容貌清丽，且性情贤良、温婉淑慎、聪明伶俐，又天生一副好嗓子，是平阳公主府的歌姬。平素公主府若有客人来访或是举办重要活动，便要歌舞助兴。

卫子夫一向疼爱弟弟卫青，也早知他来了公主府，只是平阳公主说宫里新谱了几首乐府，让她抓紧时间练习，便无暇探望。现在卫青正式成为骑奴，姐弟二人也就有了经常见面的机会。此后，无论是卫子夫还是卫青，都颇得平阳公主赏识。

很快，卫子夫便迎来了她生命中的一个贵人，从而也改变了卫青的命运。

建元二年（前139年）春日，未央宫柳色渐浓，艳阳下蛱蝶纷飞，好一派春日美景。然而武帝却感到宫中的气氛越来越压抑，他继位以来，无论是国事还是家事都非常不顺，于是他决定在三月上旬的巳日前往京城东郊"祓禊"。

祓禊，就是沐浴，除秽洁身，祭祀，祈福免灾。另有采兰、嬉游、宴饮等活动。祓禊的最好去处便是灞上。皇帝出行，一般有威风凛凛的仪仗前呼后拥。但是这一次，武帝只带了随从五十余人，轻装简行，很快便来到灞上。

灞河边，春风温暖地拂过，无数灞柳的枝条飞扬起来，如丝带，如玉绦，如春雨，如暮烟。在这深绿的柳色中举行过隆重的祭水仪式和象征性沐浴后，武帝下令：今日祓禊，除禁军轮流当值外，其余人等可不拘常礼，随意自在。诏令一下，所有人都欢呼雀跃，涌向河边。矜持的官吏掬水而沐，豪壮的卫卒们干脆跳下水去，在粼粼清波中击水嬉戏。

武帝感到从未有过的快意，便纵身上马，向南而去。这一带，无数塬①连成一屯，很是壮观。据说，当年周平王东迁途经此地，看见一雪白神鹿，便命卫队追捕白鹿，一天一夜未得。而白鹿经过的地方，祥光普照，一片郁郁葱葱，草木茂盛，百花竞开，毒虫殆尽，疫疠灭绝。自从白鹿出现，这片土地便成为五谷粮仓，人们感恩白鹿，便将此地称为白鹿原。武帝想到这个典故，深信这次祓禊会给自己带来好运。立于高高的塬上，他觉得自己的视野开阔了许多，心里渐渐开朗与明亮起来。

祓禊已毕，武帝仍游兴未尽，不想马上返回皇宫，他想起了许久未见的姐姐，听说她已从河东回到城南别宫，当去看看她。于是，命公孙敖先行传旨。

武帝素来与姐姐亲近，平阳公主又是个有心人，在武帝登大位后便刻意讨好，又听说皇后陈氏久未生子，便在府中蓄养了很多美人佳丽，只待寻个机会进献宫中。没想到，机会这么快就来了。

平阳公主热情地将武帝迎入宫中，设宴相待。饮至数巡，公主唤出那些精挑细选的粉黛佳人来献舞助兴。堂下佳人明眸皓齿，肤若凝脂，美丽动人。然而高座之上的武帝始终酒盏不离，蹙眉不语，面对眼前的红飞翠舞丝毫提不起兴趣。

心细如发的平阳公主见状，不禁皱眉。她沉思片刻，给家令打了个手势。家令心领神会。不一会儿，袅袅清音传来，有女子

---

① 塬：我国西北黄土高原地区因流水冲刷而形成的一种地貌，呈台状，四周陡峭，顶上平坦。

的歌喉如同初春的黄鹂啼唱,霎时便让武帝面露悦色。他循声望去,只见一个容貌清丽的美人款款而来,"绰约多逸态,轻盈不自持"。刘彻细看,见她身穿长袖飞带舞服,衣加燕尾飞髾①为饰,秀发半遮面,却见脸生红晕,妩媚动人。美人入座时,低头浅笑,一脸娇羞。

随即,妙音再起,美人坐在琴旁,轻轻弹起了《柏舟》②:

泛彼柏舟,亦泛其流。

耿耿不寐,如有隐忧。

微我无酒,以敖以游。

我心匪鉴,不可以茹。

亦有兄弟,不可以据。

薄言往诉,逢彼之怒。

我心匪石,不可转也。

我心匪席,不可卷也。

威仪棣棣,不可选也。

忧心悄悄,愠于群小。

觏闵既多,受侮不少。

静言思之,寤辟有摽。

日居月诸,胡迭而微。

---

① 音shāo。指古时妇女上衣的装饰,形如燕尾。

② 《柏舟》:出自《诗经》。

心之忧矣，如匪浣衣。

静言思之，不能奋飞。

武帝凝神静听，意动神迷。平阳公主凑近他，低声问道："这个歌女色艺如何？"武帝点头未语，直到一曲唱罢，他才问及女子来历。平阳公主告知是府中歌姬，叫卫子夫，武帝赞道："奴仆之中竟有如此妙人！"说着，他佯称堂内闷热，起座更衣。

平阳公主赶紧来到卫子夫身边，悄声道："子夫，你不施脂粉也这么楚楚动人。皇上似乎中意于你，望好生侍候。"

卫子夫羞涩一笑，起身紧随武帝，至尚衣轩中服侍这位年轻皇帝更衣。她被皇帝的威仪所折服，也希望获得皇帝的欢心和临幸。

平阳公主在堂上等待很久，不见二人回来，心中也明白了几分。果然，武帝回座后非常高兴，当堂赏赐平阳公主黄金一千斤。平阳公主下跪谢恩，并奏请将卫子夫送进宫去。武帝点头准请，让卫子夫同车入宫。

平阳公主让卫子夫入内室整装打扮，等到她妆毕出来，宴席已散。武帝与姐姐告别登车，卫子夫上车时，公主抚摸着她的后背说："去吧！在宫中要学会生存。若是他日你得宠富贵了，希望不要忘了我。"卫子夫俯身对着公主一拜，说："子夫此去，荣辱自在天命，公主之恩断不敢忘。小弟年少莽撞，还望公主调教。"

武帝回到未央宫时，已是夜深人静。他还没下车就望见高高的台阶上站着一个年轻妇人，正是皇后陈阿娇。武帝下车，朝怒目相视的皇后走去。陈皇后恃宠而骄，毫不收敛。

幸好武帝早有准备，派人将卫子夫送到建章宫了。

"把人交出来！"陈皇后生气地嚷道。

武帝强忍怒火，解释道："只是平阳府中奴仆，入宫充役而已。"

陈皇后不信，掀开车帘，发现里面只有韩嫣一人。她正要说什么，却被赶来的馆陶长公主及时制止。

馆陶长公主是陈皇后的生母，武帝对她说道："皇后最近精神状态不佳，脾气也大，不如就留在椒房殿内静养一个月，不要再外出走动了。"

陈皇后闻言柳眉竖起，从牙缝里挤出三个字："走着瞧！"

而后随馆陶长公主离开了。

第三节　服役建章宫

未央宫里，面对着满案的卷牍，武帝一动也不动。他骨子里流淌着果敢坚韧的汉高祖身上的血液，这血液里从没"屈服"二字。可眼下，满腹挫败感的他叹了一口气，把头埋在书案上的一堆简牍中。

这时，一个黄门侍郎徐步而入，禀报说："太后有请陛下前往长乐宫。"武帝知道,母后此时传他,多半是馆陶长公主和皇后陈阿娇向她告状了。此去定然会受母后责备,他心中难免忐忑。

说到武帝的生母王娡,她也是个传奇人物。王娡是燕王臧荼的重孙女,王娡的母亲臧儿是燕王臧荼的孙女。不过因为燕王臧荼谋反,被废黜王爵,臧儿丝毫没有享受到王公贵族的富贵生活。臧儿成年之后,被家里安排嫁给槐里的平民王仲为妻,生下了王信、王娡、王儿姁兄妹三人。但王仲去世得早,后来臧儿又改嫁田氏,生下了田蚡和田胜。王娡长大后,嫁给普通农人金王孙,生下了女儿金俗。

有一天,臧儿上街碰到相士姚翁,便让他为自己和儿女们相个面。姚翁说道:"你家里两个女儿都是大富大贵之人,尤其是女儿王娡,将来会生下天子。"臧儿信以为真,回去后就想将王娡从金家接回来。金家死活不肯,臧儿便将王娡藏了起来,随后托人找关系,将两个女儿一并送入宫中。王娡姐妹入宫之后,被太子刘启看中,收入太子府中。王娡接连为太子刘启生下了三个女儿,长女便是平阳公主,次女为南宫公主,三女为隆虑公主。有一天,王娡梦到太阳飞到自己腹中,第二天太医检查又怀有身孕,王娡便将自己做的梦和怀孕的喜讯告诉太子刘启,刘启高兴地说:"这是贵显的征兆。"孩子还未出生,太子刘启继位,是为汉景帝。王娡姐妹二人被封为美人。同年,王娡生下一个男孩,初名刘彘,这便是武帝刘彻。

一个已婚女子入宫能被封为美人,已属不易;一个美人,在激烈的宫闱斗争中，成功将自己的儿子推上皇位，更是不可想象。而王娡所依靠的正是皇后陈阿娇的母亲馆陶长公主和长公主之母窦太后！所以，武帝接到母后传唤，心中惴惴不安。

太后王娡对武帝与皇后陈阿娇的矛盾早有耳闻，但她只能从中调解，这次皇后与馆陶长公主一起告武帝的状，她若不过问，在馆陶长公主和窦太后面前都不好交代。

刘彻来到长乐宫，太后不待他行礼，便训斥道："当了几天皇帝就可随心所欲、肆意妄为了？别忘了是谁把你推上皇位的，身子坐不正，这龙椅就坐不久！"

武帝不好争辩，低头道："母后教训得对，是儿臣有点得意忘形了，遇事思虑不周。皇后久无子嗣，不知问题出在谁身上，儿臣心中焦虑难安；而且皇后又蛮横骄纵，事事处处都想插一手，作为一国之君，实难长久迁就，所以冷落了她。母后当能体谅儿臣的苦衷。"

"皇后骄纵没有子嗣，何人不知？但今日要跟你讲的不是皇后的事。有人告诉哀家，你对韩嫣恩宠越矩，与他行同车食同席，甚至同床共寝，因他而冷落后宫妃嫔，这是怎么回事？"

武帝无奈道："母后只知其一不知其二，韩嫣自幼是儿臣的伴读，儿臣与他意气相投不假。韩嫣出身侯门，能文能武，且脑子灵光，很有远见，在士子中威信极高。当朝大臣中，儿臣没有什么人可依仗，宗亲王侯也不把儿臣放在眼里，难得有个韩嫣，忠心事君，儿臣不宠信他又能宠信谁？"

王太后当然明白儿子的尴尬处境，但韩嫣恃宠而骄，在朝中得罪了不少人，若放任下去，难免惹出祸端。昨日馆陶长公主和皇后陈阿娇就借此来长乐宫发难，让她十分难堪。王太后神色肃然，正告道："韩嫣无才无德，只知道阿谀奉承，讨好于你，你千万不要受其蛊惑。韩嫣此时固然有用，但彼时必定为皇儿薛芥，皇儿要心中有数，务必马上把他逐出未央宫！"

武帝终于明白，这是有人借机寻事，但既然母后给予了警告，他也不能不听从。

当夜，未央宫大殿内，烛火摇曳。

韩嫣一脸忧伤地对武帝说："陛下舍弃微臣，是微臣咎由自取，不敢有半句怨言。只是陛下身边之人都是先帝留下来的，多数站在太皇太后那边，微臣不能不为陛下担忧。陛下需要像东方朔这样的谋士，也需要像周亚夫那样的武将。但大汉承平日久，能征善战的将领大多老去，陛下当早做准备。"

"培养优秀将领非一日之功，朕现在被束缚住了手脚，不能大刀阔斧去做，怕是急不来。"武帝有些丧气地说。

韩嫣出主意道："陛下不必心焦，可先从宫中侍从着手。"

武帝摇着头说："未央宫、长乐宫中都是窦氏一族的人，怕是无法插手。"

韩嫣想了想，说道："建章宫人手似乎不太充足，陛下调拨几个过去不会太惹眼。"

武帝顿悟，脸上露出一抹喜色："这个主意不错，那就劳烦爱卿帮忙物色物色。"

韩嫣点点头道："宫中侍卫历来都是勋烈子弟，这些人忠心耿耿,但勇力不足,平日享受惯了优渥的生活,谁愿意自讨苦吃?除非陛下放宽条件,征召平民子弟,或许能得一二将才。"

"此话怎讲?韩卿是不是已有合适人选?"武帝忙问。

"是的。"韩嫣肯定地说,"公孙侍郎也非常看好他,只是他的出身不合规制。"

"那是何人?"

"平阳公主府的骑奴卫青。"韩嫣见刘彻没有什么反应,又补充说,"陛下在平阳公主府可能见过他,就是卫子夫之弟。"

武帝其实对卫青毫无印象,毕竟身为一国之君,他哪会注意到一个骑奴,但他还是点了点头。

于是,在卫子夫入宫没多久,也就是建元二年(前139年)夏末的一天,平阳公主府中忽然来了一老一少两个宦官,传旨让卫青速入宫中当差。卫青知道后惊喜交加,不知是谁举荐了自己,猜想可能是公孙敖,也可能是姐姐卫子夫。不管怎样,他这个身份卑微的奴仆能入宫服役,无疑是他人生的一个重大转折。

隔日,卫青兴冲冲地来到建章宫报到,领了一套军服和一柄长槊,正式成为建章宫的一名宿卫。建章宫位于未央宫西、太液池南,中轴线上有玉堂殿、前殿、天梁宫、柏梁台,其东南西北皆有高大门阙。在汉三宫中,扩建之前的建章宫是最小的。

卫青领到军服,便迫不及待地穿上。军服是直裾短袍,以红色为主色调。只见他头戴铁盔,脖颈处有两片铁甲,连着黑色的皮胄,两肩处是细密的铁叶子连在一起织成的铁甲,一直延伸到腰腹,胸口处有两块护心铁甲,下身是红色军裤,脚踏黑色战靴，一把长檠握于手中，挺胸昂首而立，精气神十足。

大汉虽然承平日久，宫阙又戒备森严，少有作乱，但宿卫的装备体现的是皇帝的脸面，更关乎皇帝的安危，所以他们是汉军中装备最精良的部队，且征兵地也被有意限制在陇西、天水、安定、北地、上郡、西河六郡及三辅地区，这些地区距离外夷较近，是最佳的士兵来源地。

另外，作为皇帝的贴身侍从，光有实力还不行，家世背景也很重要。

但武帝显然不在乎卫青的家世背景，一方面可能是因为他喜爱卫子夫，爱屋及乌；另一方面，正如韩嫣所言，让下层平民子弟加入宿卫，他们会比贵族子弟更加吃苦耐劳。宿卫不仅要求士兵单兵战力强，还要有一定的指挥才能，毕竟武帝的本意是要发掘高级将才。

宿卫的最高统帅为光禄卿，其下分为三署，即五官署、左署、右署。因为宿卫既需要作为皇帝在宫内的贴身侍卫，又要在皇帝出巡时以车兵和骑兵的身份保卫圣驾，所以在三署之下各置一名中郎将指挥，三名将领分别掌管不同的执勤任务。

接下来，卫青开始了枯燥而艰苦的训练。这天，卫青正在进行阵列训练，骑郎公孙敖带韩嫣来观看训练，并请他做些指导。卫青细细打量韩嫣，见他不过十八九岁，肤色白皙细腻，就连手也是那般小巧，实在搞不懂他有何本事可对精锐的宿卫勇士进行指导。

阵列训练完毕，韩嫣跟众人讲解小型防御阵法，重点是以车阵对抗匈奴骑兵。宿卫不太可能参战，所以对阵列不感兴趣，卫青却听得津津有味。之后，卫青问有没有专门对付匈奴骑兵的阵法。公孙敖代为回答："韩卿学习匈奴人的兵器和阵法很久了，不过他颇擅长骑术与射箭，剑术最为精妙。"

卫青久闻韩嫣大名，也知道他如今已被逐出未央宫，今日能在此一见，也算是个机会，于是恳请见识一下韩嫣的剑术。

韩嫣说："你平素练习的是长槊，以长槊对战长剑，会吃亏的。不知你有没有其他更擅长的兵器？"

卫青想，自己最擅长的是环首刀，于是请公孙敖帮忙寻来一把环首刀，要和韩嫣以刀对剑过上几招。对战开始，韩嫣想先发制人，出剑虚晃几招，突然将剑从上方斜刺而来。卫青识破了这虚中藏实的招式，待剑快至腹前便从下方举刀挡过，把来剑挡起。韩嫣的剑又从下方刺过，卫青便从上方将剑压下，韩嫣只能抽剑回来，否则，那剑就要落在地上。韩嫣变换剑招，一会儿从上面佯攻，一会斜着从侧面逼近，但都被卫青轻松化解。就这样，韩嫣试探性地进攻了二十余次，均不能奏效，于是加大力道，将那把锋利无比的剑，对着卫青两臂之间的空虚之处往上一挑。卫青不退反进，一个箭步向前冲去，手中的刀突然下劈。韩嫣立刻变招，剑锋直指卫青咽喉。卫青止住脚步，举刀横挡，顺势双脚就地猛蹬，然后两手平举，如生双翼，向后纵身跳去，转瞬之间，又从半空中自右上方朝向左下斜劈下来。韩嫣感到这一刀力道不可硬挡，便侧身退避，使卫青这一刀落空了。

公孙敖看得出他们二人各有所长，也都有留手，既为切磋，就此结束正好。韩嫣夸赞道:"刀法非常不错,足可与匈奴的双刃弯刀抗衡。"卫青微笑着摇摇头,对韩嫣产生了几分好感。

  一晃数月过去了,入冬后,除了当值,平日也不再训练,空闲时间也多了,卫青可在建章宫内闲游,对建章宫也有了更多了解。建章宫虽然只是皇帝的休闲之处,但宫室齐备,西北角还有太液池,皇帝既可在殿内办公,又可在太液池旁调养身心。《西京杂记》记述:"太液池边皆是雕胡、紫箨、绿节之类……其间凫雏雁子,布满充积,又多紫龟绿鳖。池边多平沙,沙上鹈鹕、鹧鸪,动辄成群。"入冬后,这些动植物已经见不到了。不过,太液池水越冷越清澈,确可使人静心。

  卫青在建章宫内服役,对宫外发生的事情知之甚少。武帝又很少出行,即使出行也就是在上林苑游乐、狩猎。如果卫青当值,便有机会欣赏上林苑美景。平日一有空余时间,卫青就埋头苦读,对儒道典籍都有所涉猎。当他重温《易经》时,对"潜龙在渊"又有了新的理解,更加相信只要耐心等待时机,他日自己定将一飞冲天。

第三章 立足京师

第一节 宫斗持续升级

当卫青踌躇满志之时,卫子夫在宫里却面临着一场危机。原来,自入宫以后,卫子夫再也没有得到过武帝的召幸。

建元三年(前138年)的一天,在未央宫前殿,武帝看着案台上那些呈给自己御览的奏章,全然提不起兴致。他正坐在空荡荡的大殿里发愣,掖庭令①匆匆入殿呈奏。武帝拿过来瞟了一眼,见是一份遣送出宫的宫女名单。

按汉朝宫廷的惯例,到了一定时间,要把年纪较大的宫女遣送出去一批,然后再选进一批新的来。这本来是例行公事,皇帝不用看就可御批。武帝之所以要细看,是因为他的后宫一团糟,

---

① 掖庭令:掌后宫宫女及供御杂务,由宦者充任。

此事由陈皇后主持，而他对陈皇后并不信任，担心她把那些不该走的弄走了，不该留的却留下来。

武帝这一看，还真发现了一个不该走的人。

"卫子夫，是谁把她的名字写在上面的？"武帝的脸色变得十分难看。

掖庭令声音颤抖着回道："是她自己亲手写上去的。"卫子夫还没有封号，又是建章宫的，掖庭令不知道她与皇帝的关系，以为只是个普通的宫女。

武帝万难相信卫子夫会自请出宫，她一个奴仆、歌姬能被皇帝亲选入宫，那可是几辈子才能修来的福运，岂会轻易放弃？武帝当即扔下名单，赶往建章宫。

"是臣妾自己请求出宫的。"当武帝一脸怒气地出现在卫子夫面前时，卫子夫怯怯地说。

一年多未见，卫子夫比原来清瘦了许多，那陈旧的淡青色衣服穿在身上，显得有些宽大，瘦削的脸庞上流露出淡淡的忧伤，一双大眼睛分外明亮。

"为什么？是因为怨恨朕吗？"武帝问道。

"不，不是！"卫子夫连忙否认。说不怨恨显然是假，自从武帝把她从平阳公主府带入宫中，就让她无名无分地在建章宫待着，忍受深宫寂寞。想到这里，她美丽的眼睛湿润了。

"那是为什么呢？"武帝静静地看着她，看得她脸上现出一抹红晕，晶莹的泪水顺着脸颊流淌下来。

"臣妾，臣妾……只是想家了！"卫子夫终于泣不成声，

"臣妾想娘亲，想姐姐，想家里的人……"

一阵愧疚涌上武帝的心头，他深知深宫凄清孤寂的滋味。不管自己是如何情不得已，都应该接她出来，给她一个封号。但是，他只考虑如何缓解后宫的矛盾，竟把她给忘了！

卫子夫轻轻啜泣着，也牵动着武帝并不坚硬的心。他既心疼，又为自己感到悲哀，堂堂一国之君，连自己喜爱的女人都不能留在身边。他沉思良久，终于抬起头，伸出有力的双臂，抱起娇小的卫子夫，向内殿走去。

陈皇后很快发现自己被骗了，原来那个她都记不起来的女人并非一般的宫女，而是武帝宠爱的女人，若放任不管，难保不会威胁自己的地位，必须采取对策。但仅靠她自己，还无法与皇帝相争，必须动用背后的力量。

而武帝之所以事事都忌惮陈皇后三分，并不是忌惮于她的骄蛮专横，而是她背后的力量。祖母窦太后、姑母兼岳母馆陶长公主、生母王姑这三个女人，就像三座大山一样压在他的头上，使他处理国事、家事都大受掣肘。

为何会出现这种局面呢？这还得说说这几人剪不断理还乱的复杂关系。

武帝刘彻从小聪颖过人，三岁时，景帝将其抱于膝上，试探道："乐为天子否？"对曰："由天不由儿。愿每日居宫垣，在陛下前戏弄。"刘彻信口而应的回答，使景帝不得不对这个儿子另眼相看。但汉朝沿袭嫡长子继承制，刘彻是王美人王姑所生，又非长子，不能立为太子，所以刘彻再聪明也只是做王的命，四岁时被封为胶东王。

刘彻的姑妈，也就是景帝的姐姐馆陶长公主有一个女儿，名叫陈阿娇，比刘彻大六岁，刘彻小时候喜欢与阿娇一起玩，跟她比较亲近。有一次，馆陶长公主问刘彻："想要阿娇做媳妇吗？"刘彻毫不迟疑地回答："好啊！要是能娶阿娇做媳妇，我要做个大大的金屋子把她藏起来，只和我一个人玩！"

当然，"金屋藏娇"只是童言无忌。馆陶长公主真心是想让女儿将来做皇后，选女婿的唯一对象就是太子。其时，景帝已立栗姬所生的长子刘荣为太子，馆陶长公主想让刘荣娶阿娇，于是让人去和栗姬商议婚事。然而栗姬心高气傲，眼高于顶，又心胸狭隘，嫉妒馆陶长公主曾受薄太后宠爱，所以毫不客气地拒绝了这门亲事。馆陶长公主气得够呛。

王娡得知此事后，不禁动起了心思，与馆陶长公主越走越近，交情越来越深。或许是赌气，馆陶长公主这时候想起了胶东王刘彻。与栗姬相反，馆陶长公主略提了一句有意把女儿嫁给刘彻，王娡就欣然同意。在王娡眼里，馆陶长公主是景帝的亲姐姐，又是汉朝长公主，结了亲便是自己和儿子的靠山。

结亲也就意味着结成了同盟。景帝刘启继位后，后宫佳丽开始争宠夺利，这让韬光养晦数年的王娡心里也萌生了一丝争斗的欲望。于是，馆陶长公主和王娡便一起对付栗姬，暗中谋划改立太子。馆陶长公主屡次在景帝面前称赞刘彻，使景帝更偏爱此子。同时，馆陶长公主还经常向景帝说栗妃气量小，不容人，欺压其他妃子等。时间久了，景帝也心生疑虑。

有一天，景帝故意对栗妃说："后宫诸妃皆已生子，朕百年后，你应善待她们。"他一面说，一面暗中观察栗妃的反应。结果栗妃一脸怒色，半天不发一言，又等许久，栗妃仍不语，并把脸转向别处，不看景帝。景帝见她如此态度，生气地拂袖而去。

这时，王娡又火上浇油，暗中指使大行令上奏景帝："母以子贵，今太子母无号，宜册立为皇后。"景帝一听，这是逼他立栗妃为皇后啊，顿时龙颜大怒，杀了大行令。不久又废了太子，将栗妃打入冷宫，从此栗妃连见皇帝一面都无可能，不久便郁郁而终。

废了太子刘荣之后，刘彻被立为太子。对刘彻来说，无论是姑母馆陶长公主，还是生母王娡，都有恩于他，他时刻都要记住二人的恩情。且大汉崇尚孝道，听从母命便是"孝"。

除此之外，刘彻身上还有一座更大的山，那就是窦太后。窦太后的权势地位是在文帝刘恒宠她的时候，依托薄太后的外戚势力建立起来的，虽然她患眼疾之后失宠，但她拉起来的权臣班子和拥护者还在。窦太后生有两个儿子，即景帝刘启和梁王刘武。窦太后偏爱小儿子刘武，很长时间内都在想法子让刘启把皇位让给刘武，不过最终没有得逞。刘武英年早逝，窦太后便把责任推到景帝身上，景帝心里多少有些愧疚。窦太后借此大力扶持外戚，提拔自己的拥护者。景帝是一个"维稳"的皇帝，尤其是在"七国之乱"后，朝政大权基本掌握在窦太后手里。

但是，窦太后从改立太子这件事中，发现王娡和馆陶长公主都是不可小觑的人物。虽然她不喜欢景帝，也不喜欢王娡，但如果和二人处处针锋相对，极有可能两败俱伤，何况王娡已经和很有权势的馆陶长公主结盟。因此，窦太后的目标是把皇帝变成傀儡，在对抗与合作中保持权力的平衡。她认为，现在一切都还在自己的掌控之中。

武帝当然能看清这种局面，只是一时没有找到破局之策。在父皇的小心呵护下成长的他，对于登基后面临的困境，显得有些准备不足。就在他感到束手无策之时，常侍郎东方朔献上一计——分化瓦解，各个击破。他建议武帝先把太后拉拢过来，再联合馆陶长公主，最后集中精力对付窦太后。

三天后的一个晚上，武帝和东方朔来到长乐宫，求见太后。

太后见武帝大晚上过来，以为出了什么事情，急忙问道："皇上这么晚过来，有什么急事吗？"

"儿臣没有什么急事，母后无须担心。"武帝忙解释道。

太后放下心来，说道："皇儿啊，哀家进宫二十多年，没有一天不是战战兢兢、如履薄冰。过去是处心积虑，护你周全；如今你父皇归天已经数载，你还不能亲政，哀家心头也十分着急啊！"

武帝笑着说："母后，请您放宽心吧，儿臣不是孩子了，而且朝中政事有太皇太后和三公主持，儿臣感到很轻松，自己打打猎、读读书，没什么烦心事。"

"如此甚好，我心里就踏实了。那韩嫣被逐出宫后，谁守在你身边？"

武帝回道："多着呢，有公孙敖、所忠、东方朔、杨得意。"

"既然没事,你大晚上跑到长乐宫来只是给我请安?"

"儿臣是见母后近些日子一直愁眉不展,专程来探视。母后恐怕是有心事吧。"

王太后笑了:"哀家的心全在你身上。除了你,哀家还能想什么?"

武帝放低声音说:"母后,常侍郎东方朔给您带来了一件珍贵的礼物,希望母后喜欢。"说着他一招手,东方朔领上一顶轿子,停在廊道上。

东方朔上前向太后行跪拜礼后,说道:"禀太后,臣奉皇上之命,请来一位纯朴善良之人,让太后一解二十余年心头之痛。"

东方朔又走过去掀开轿子,只见轿子里走出来一个二十出头的女子。女子走到太后面前,扑通跪下,大叫:"娘亲!我是俗儿啊!"

王太后愣了愣,不无疑虑地看了武帝一眼,武帝给了她一个鼓励而又充满安慰的眼神。

王太后用力揉了揉眼睛,惊道:"俗儿?你是俗儿?"她边说,边走上前去,拨开对方耳朵后的头发,果然看到那儿有块特殊的胎记。这女子正是武帝同母异父的姐姐金俗。

王太后失声道:"我可怜的俗儿啊,二十三年了,为娘想你想得好心痛啊!"

母女俩抱头痛哭。武帝不忍见到这场景,说道:"母后,儿臣把姐姐找回来了，一家团圆，应该高兴才是。"

太后泪水纵横，又哭又笑地说："是的，高兴，高兴！明儿把南宫公主、隆虑公主也邀来宫中，一家团聚。"

武帝将自己同母异父的姐姐请进宫中，就等于向窦太后挑明了自己知晓太后当年应选入宫前在民间生了女儿。与此同时，武帝封金俗为修成君，赏赐上千万铜钱、三百个家奴、上百亩良田和上等府邸。

对于武帝的良苦用心，太后自然领情，内心的天平也开始向儿子这边倾斜。

与此同时，一个对付馆陶长公主的计策也在悄悄进行。

韩嫣离开未央宫之前，向武帝透露过一件馆陶长公主的秘闻，武帝最初并未在意，而今要对付馆陶长公主，这秘闻就变得尤为重要了。

原来，馆陶长公主年过五十，家中却养着一个十七八岁的男宠。此人名叫董偃，本是卖珠人的儿子，生得美貌风流，寡居的馆陶长公主对他一见倾心，于是将他招入府中。董偃名为随从，实际上却是馆陶长公主的小情人，两人经常出双入对。馆陶长公主不缺钱，董偃便尽情挥霍，广交宾友，一下子成为长安城内的公卿名士，文人雅士争相与他来往。武帝决定亲自去会会姑妈的这位董郎。

那天，武帝移驾来到馆陶长公主府上。见过礼坐下后，他笑着对馆陶长公主说："请主人翁出来谒见！"馆陶长公主一听，十分吃惊，心想皇帝怎么会知道自己的隐私呢？想要隐瞒，又不敢，她羞得满脸通红，忙跪伏在地叩头请罪。

武帝接着说："不必多礼，快请主人翁出来。"馆陶长公主只得厚着脸皮请董偃出堂见驾，两人又双双跪下请罪。武帝好言好语安慰一番，又赐宴让馆陶长公主和董偃分坐左右陪自己饮酒。

馆陶长公主见武帝非但不责怪自己，反而好言抚慰，尊称她的姘夫为主人翁，心中甚觉惭愧，对武帝自然感恩戴德，不敢再为女儿争宠之事和武帝作对。

第二节 夭折的建元新政

对武帝来说，王太后和馆陶长公主还不算难对付，窦太后才是真正的硬茬。

早在登基之初，武帝静心审视几代先皇给他留下的这份遗产，决心一改"文景之治"无为而治的内敛低调、平和稳重的作风，推出了一系列新政。

建元元年（前140年）初，武帝下诏："盖有非常之功，必待非常之人，故马或奔踶而致千里，士或有负俗之累而立功名。夫泛驾之马，跅弛之士，亦在御之而已。其令州郡察吏民，有茂才异等，可为将相及使绝国者。"令百官推举贤良方正、直言进谏的人。

二月，武帝大赦天下，赏赐百姓爵位一级。当然，这爵位并没有任何实权，只不过可以在触犯律法被定罪的情况下用爵位赎罪。

七月，下诏令："宫廷卫士去故置新常达两万人，省去一万人。开放朝廷养马的苑囿，以赐平民放牧采樵。"

冬十月，朝廷再下诏，令天下举荐贤良方正、直言进谏的人才，皇帝亲自组织考试选拔人才。

一个接一个的诏令出台后，上层官员大多一脸迷茫，唯有招揽人才的指令在朝野掀起一股热潮。这是武帝登基以来烧的第一把火，效果确实不错，天下各类人才蜂拥而来。广川大儒董仲舒来了，菑川人公孙弘、会稽郡吴县人严助，以及各地有名儒生，皆被选中，参加考试的有一百多人。因为敬慕大辞赋家枚乘，武帝还派人用车去接他。枚乘年纪大了，经不住途中颠簸，武帝又专门让人在车轮外边裹上蒲草垫子，这便是"安车蒲轮"的由来。

刘彻武帝将这些人悉数召入宫中，亲加策问。最后，董仲舒被任命为江都国相，严助为中大夫，公孙弘为博士。

建元三年（前138年），武帝得知大月氏被匈奴击败西迁的消息后，意识到这是一个联合大月氏、左右夹击匈奴的好机会，于是单独召见张骞，任命张骞为中郎将，赐"汉天子御赐"节杖，令其出使西域。

不过，这些人还不属于朝廷核心层，接下来的两个任命才真正引起了窦太后的重视和警惕。原在窦太后身边的老臣，如许昌、庄青翟等人，未能像人们传说的那样，担任御史大夫、郎中令一类要职。因为武帝把这两个重要的位子，给了年纪不足三十，并无什么名气的赵绾和王臧！赵绾只是个白面书生，在景帝时曾提出清理明堂之类的建议，让他当御史大夫，勉强还行；而王臧据说是从齐国来的一个无名小辈，只是因为主意多，出口成章，很有文采，便得到了武帝的赏识，让他主管皇帝的诰命奏折、朝中的文书露布。

此时的武帝才不过十八九岁，任命些年轻的臣子也合理。况且丞相窦婴是窦太后的侄子，五十出头；太尉田蚡是王太后的胞弟，四十来岁；再加上这两个二十多岁的御史大夫和郎中令，这样的权力分配不也合适吗？所以，人们议论了一阵子，也就风平浪静了。

但是，窦太后发现了很严重的问题：武帝提拔的年轻官员都是他的支持者；窦婴虽是窦氏成员，但他的治国理念与窦太后相悖；田蚡属于王太后系，而王太后已有倒向武帝的迹象。不过，窦太后并没有马上出面干涉，只是在宫中组建了"影子内阁"，负责监督武帝是否以"无为而治"为纲领，按文、景二帝的既定方针施政。如果武帝再敢大改祖宗规矩，那就不能怪她不客气了！

武帝推行新政的第一步取得了预期效果，正当他高兴的时候，太后首先不安起来，将他叫去，劝诫道："三公九卿和朝廷中枢的官员任命要请示太皇太后，更重要的是，千万不可违背祖宗'无为而治'的法度。"她完全相信，惹恼了窦太后，武帝很可能会被拉下马。

武帝感到憋屈,如果依照旧的法度,重用窦太后的人,那还叫新政吗?他决定扩大朝议范围,把新任命的官员和有资格入朝议事的大小官员召入宫中,一起讨论应该采取怎样的治国方略。众臣议来议去,也没有多少新意,无非是尊道还是重儒。

董仲舒说:"《春秋》推崇的天下一统,是天地之间的永久法则,是古往今来的一致道义。如今每个经师传授的道法不同,每个人的论点各异,百家学说旨趣不同,因此,君主没有办法实现统一,法令制度多次变化,臣民不知应该遵守什么。臣认为,凡是不属于六艺的科目和孔子学术的学说,都应禁绝其理论,不许它们与儒学并进,使邪恶不正的学说归于灭绝,这样做就能政令统一、法度明确,臣民就知道该遵循什么了!"

武帝以为董仲舒是老生常谈,可当他听到"大一统"后,突然想到:如能将天下的意志大一统,转变为自己的意志,岂不是最快意的事!于是,他点点头,对董仲舒说:"接着说,怎样才可让天下人心也像疆土一样统一起来?"

董仲舒慢条斯理地说:"依臣之见,必须罢黜百家,独尊儒术。"

武帝点头表示赞同,说道:"我汉朝得天下于天,天下受命于天子,天子若能让人心和疆土一样,成为一统,朕觉得有些道理。"其实,他并不是要"独尊儒术",他要的是"大一统",只要能达到这一目的,无论什么学说,都是可以接受的。但眼下要实现"大一统",儒术似乎是最佳选择。随后,武帝又连问三策,董仲舒则连答三章,史称《天人三策》。

皇帝有了明确的倾向，博士公孙弘觉得这正是推崇儒学的契机，于是上前诚恳陈词："陛下，我师董仲舒所言所行，实为世人楷模。儒者虽然于乱世无功，可于治世不可缺少啊！乱世不拘礼法，而大治之世，人臣无礼，朝纲不举；朝纲不举，人心不宁，社稷不定；社稷不定，我朝何以正大一统？"

这时，反对之声再度响起。许昌反驳道："可黄老学说，以自然为本，没有虚情假意；而儒者口言仁义，心怀诈术，想天下一统于虚伪。陛下，此万万行不得，也行不通啊！臣随先帝多年，又司史官之职，臣只知道，高祖以兵马统天下，以诚信取民心；而文景二世以道家为本，无为而治，百姓休养生息，方有如今天下大治，四海繁盛。儒术乃村学之术，怎可一统天下？"

武帝见常侍郎东方朔不发言，便指名让他发表意见。东方朔想了想说："如今的大儒并非真懂儒家经典。陛下能指望一些不懂儒学的倡儒者来治国吗？"

武帝问："爱卿以为当举何家学说为尊？"

"以臣所见，仅靠儒学是无法做到大一统的，须对儒家、道家、五行家、法家等，兼收并蓄，且因时而变。"

这次朝议在激烈的争论中结束了。

赵绾与王臧辅政后，为宣示武帝改革的正确性与权威性，特意奏请召隐士申公①出山担任改革顾问。申公虽然年迈，但一眼就看穿了武帝改革的掣肘所在，他热心为年轻的武帝答疑解惑，

---

① 申公：姓申名培，"公"是尊称，西汉时鲁人。西汉初期儒家学者、经学家。

出谋划策，最后说："为治者不在多言，顾力行何如耳。"武帝听后陷入深思。

随后，御史大夫赵绾再次和郎中令王臧联名上书，请求改"无为之治"，主张实行新政并明确提出以儒家学说治国。

看到大臣如此尽心，武帝立志革新的决心也更加坚定，下令在京城建明堂、尊儒术，做一个名副其实的大汉天子。

这时，王太后又把武帝传到长乐宫，语重心长地对他说："改革旧制非同小可，不是十天半月就能做到的。皇儿，你天资聪明，又蒙你父皇亲自教诲，有宏图于社稷，这是哀家所深知的。但你年少气盛，缺少磨炼，做事太过急切，不顾后果，又是哀家所担心的。"她这次说话的语气很温和。

武帝听了默然不语，低下了头。

"皇儿，你即位才两年，年岁不及二十，朝中大臣表面敬服，却无真正可以托付之人。而建元改制，重用儒生，早已触怒太皇太后。而今还强力推行新政，要修改祖宗订下的规矩，这还得了！皇儿，你要三思啊！"

王太后的话，如同重锤，句句敲打在武帝心上。是啊，他还年少，有大把的时间可以慢慢来。只是开弓没有回头箭，他现在硬着头皮也得往前走。

田蚡本来是支持新政的，但自从他收到窦太后的旨意，马上变得消极起来。

此时，窦太后开始采取行动了。她将淮南王刘安召到京城，以超出以往来朝藩王的高规格接待他，又派太尉田蚡秘密去拜见他，向他表示："上无太子，王亲高皇帝孙，行仁义，天下莫不闻。宫车一日晏驾，非王尚谁立者。"

意思是说，武帝现在没有太子，你现在又是高祖刘邦的孙子，辈分很高，又很仁义，等到武帝死后，你就是当皇帝最合适的人选。这显然是要废帝的节奏啊！朝野各方得知后，都感受到了剑拔弩张的气氛。

赵绾、王臧二人也看出了苗头。为了让武帝彻底摆脱窦氏的控制与掣肘，他们悄悄来到未央宫宣室殿，请求不再向窦太后居住的东宫奏事。当时许昌正在殿外等着面见皇上，武帝便让许昌先回去，改日再见。

赵、王二人进殿后，武帝示意内侍关上门。赵绾激动地说："陛下！天子做事，无人能拦。如果我大汉朝再来一次妇人干政，岂不是又似吕后时代了？那才几年，大汉江山差一点完了，难道我们还要重蹈覆辙？"

"是啊，陛下！妇人干政，如牝鸡司晨。朝中每件事都看太皇太后的脸色行事，陛下您的威严何在？"王臧也愤愤不平地说。

"可是，本朝以仁孝为大义，太皇太后要是不准，朕可不能不听啊！"武帝面有难色。

"皇上不必多虑，我们想做就做，看她能怎么样？"赵绾越说越口无遮拦。

宣室殿本是皇帝日常起居和密会要臣的地方，出乎武帝意料的是，赵绾、王臧二人的这番言辞竟被窦太后的心腹许昌偷听了去，他当然要乘机刺激一下窦太后敏感的神经，不仅将偷听到的话详细禀报，还添油加醋了一番。窦太后勃然大怒，斥骂道："这是想做第二个新垣平①啊！"随即派人严查赵绾、王臧等人的罪行。

第二天早朝，武帝本想与众臣商议新政的具体实施方案，但朝臣们刚入未央宫前殿，窦太后就突然驾临，不分青红皂白便下令将赵绾、王臧二人抓了起来。

"皇祖母，不知赵绾、王臧二人犯了何罪，惹您如此动怒？"武帝见自己新任命的重臣被抓，一时情急道。

"赵绾、王臧二人蛊惑皇帝背弃祖宗之法，乱我大汉根基，这等祸国殃民之徒难道不该抓吗？"窦太后义正词严道。

"天无二日，国无二君。陛下早已加冠，太皇太后理应还政于陛下。"赵绾想用武帝加冠成年的说辞让窦太后理亏。

"将他们二人打入大牢。"窦太后不容分辩地下令道。

丞相窦婴刚要替二人求情，就被窦太后给堵了回去。武帝眼见自己刚启用的重臣遭遇如此境况，却无能为力，心中更是激愤不已。

又一日下朝后，武帝来到长乐宫，愤愤不平地向王太后申诉："太皇太后未免太过分了。几日之间，赵绾、王臧下狱，董仲舒被驱离，新颁政令全部停止……"他还想说下去，却被王太后制止了。

---

① 新垣平：西汉赵人，汉文帝时期的方士，通过一些妄语诈术来蛊惑文帝，得宠一时。后来事情败露，被灭三族。

王太后心平气和地开口道:"皇儿,到今天为止,你继位多长日子了?"

武帝一愣:"两年……两年未到吧,怎么了?"

"你知道太皇太后在后位有多少年吗?"见儿子一脸疑惑,王太后缓缓说道,"四十年了!"

武帝沉默了,他知道母后要说什么。果然,王太后语重心长地说:"所谓树大根深,皇儿羽翼未丰,如何能相提并论?"

又过了几天,窦太后派出的一干人收集到了不少关于赵绾、王臧的莫须有的罪名,并以此谴责武帝所用非人。窦太后还不解气,一度产生了废黜武帝另立他人的想法,赵、王二人为了保住武帝的帝位,只能选择自杀谢罪。

新政实施了仅两个年头,窦太后便亲自下令罢免了丞相窦婴、太尉田蚡的官职,把所有支持改革的官员全部清退回家,废除一切新政措施,然后将朝中大臣来了一次大换血。她任命自己的亲信柏至侯许昌为丞相、武强侯庄青翟为御史大夫,并取消了太尉这一官职。

为增强自身权威,窦太后还任命李广为未央宫卫尉、程不识为长乐宫卫尉,进一步掌握了军权。

轰轰烈烈的建元新政无疾而终,武帝经过这场政治风波后,开始收敛心性、韬光养晦,毕竟只有走向成熟,才能在实现大一统的宏图大道上大展拳脚。

第三节　小宿卫因祸得福

　　武帝在朝堂上的挫败，让原本妥协的馆陶长公主和陈皇后萌生了报复之心。

　　陈皇后从母亲馆陶长公主的别院长门宫一回来，便去长乐宫向窦太后诉苦。窦太后轻抚着她的头，安慰了她一会儿，又向她透露：卫子夫已经有六七个月身孕了。

　　陈皇后听到这个消息，如遭雷击。她原以为自己在长门宫调养身子那么长时间，回来后可以为皇室添个子嗣，又可以把卫子夫整垮，让她尝尝冷宫的滋味。可现在整件事情却朝反方向发展，她又不甘心，甚至想到给卫子夫下毒。

　　窦太后狠狠瞪了陈皇后一眼，对她提出严厉警告。窦太后虽不在意卫子夫的死活，但现在她的肚子里有了龙种，这关系到江山社稷的传承。陈皇后简直是疯了，竟然想到这样的昏着。

　　陈皇后在窦太后面前自然不敢造次，她哭闹了一会儿，突然想到一个主意，悄声说道："皇祖母，我们对付那贱人暂时没有办法，可听说她的弟弟正在建章宫当闲差，要是他出了事……"

　　窦太后抓住陈皇后的手放在自己腿上，然后开口说道："很多事情我们都无法预料，只能尽力将每件事情做好。但是，若发生了意想不到的事情，那么这也不是我们的过失。阿娇，你明白吗？"

　　陈皇后对窦太后的话心领神会，马上派人去找廷尉宁成。

　　王太后听说皇后回宫了，很担心儿子继续与皇后冷战。而今卫子夫怀了龙胎，皇后恐怕会更受冷落。于是，她亲自来到未央宫宣室殿，见到武帝后也不拐弯抹角，直接问道："皇后回宫了，皇儿这几日留宿在哪里？"

武帝脸一红，回道："皇后还不曾来未央宫。儿臣令母后费心了。"

王太后叹道："阿娇自幼娇生惯养，有些任性。皇帝乃天子，胸怀要宽广，用不着跟她计较。否则，长公主和太皇太后要忧心的！"

武帝心里很不是滋味。他想，卫子夫能怀上孩子，证明他没有问题，皇后怀不上，那是她的问题，她不好好在长门宫休养治疗，偏偏在自己新政失败后回来，是不是别有所图呢？若有所图谋，是图权力，还是……武帝向王太后说出了心中的疑虑。

王太后说："凡事三思而行，谨慎行事就不会有错。"

武帝点头答应，王太后这才放心地离去。

王太后自然是心向儿子的。卫子夫怀孕后，为了保护她，其饮食用具一律由王太后负责，不让别人随意插手。卫子夫生产的前几天，王太后干脆让她住在自己身边。

卫子夫搬进长乐宫后没几天，就诞下一女。虽说生下来的不是男孩，但王太后也高兴得合不拢嘴："今天能生女孩，明天就能生男孩，皇上的继承人就在这女子的腹中呢！"等到孩子满了月，王太后更是喜欢得不得了，认为孙女远比自己的女儿平阳公主和金俗漂亮得多，连哭声都是那么脆生生的，不仅有她母亲的嗓子，更有武帝的刚毅。

就在武帝、卫子夫为女儿的降生感到高兴的时候，一个针对卫青的谋杀计划也在秘密进行。

这天，卫青所在的宿卫小队在对抗操练中大获全胜，被奖励休息七天。他和公孙敖约好在东郊林间会面，然后一起去灞上打猎。但是，他的二姐卫少儿从河东捎来书信，告知他母亲卫媪病重，让他抽空回去看看。因为难得有假，他决定不去打猎了，而是回家看望母亲，但他得告诉公孙敖一声。

第二天卫青早早来到东郊林间的一棵古树下等公孙敖。古树盘结于坡地，枝繁叶茂，形如巨伞。卫青站在古树下，等了许久，仍不见公孙敖到来，心里有些焦急，突然听到远处传来一阵马蹄声。他抬眼一看，只有一匹马，没有人，马臀上有记号，他一眼认出这是一匹御马。他迎上前去，一把将马缰抓住，控制马，四下张望却不见人影。他正想这是怎么回事，又听得林中传来隐隐的沙沙声。卫青立定静听，发现是一群人，他们如此鬼鬼祟祟地绕到自己身后，十分可疑。

所谓艺高人胆大，卫青快步走到林间一块较为空旷的地方，朗声道："各位是哪里来的朋友？想必是冲我而来，不如现身一见！"

他话音未落，几个身穿黑衣的人迅速闪出，将他团团围住。卫青一看，这些人皆面蒙黑布，身手敏捷。一个黑衣人喊道："兄弟们，抓住这偷马贼，别让他跑了。"

那些黑衣人一听，便捏紧剑柄，纷纷飞扑过来。

仓促之间，卫青没有听清他们在喊什么，挡了几招后拔腿便跑。但对方人多势众，很快又追上来，再次将他围住。卫青疑惑地问道："你们是什么人？为什么抓我？"

一个黑衣人跨前一步，大声道："我们是卫尉，你这个偷马贼，快快束手就擒！"

卫青并不慌张，表明身份说："我不是偷马贼，我是建章宫的宿卫。"

"人赃俱获，还想狡辩？把他抓起来，押回去！"黑衣人头领说。几个黑衣人立马上前将卫青扭住。卫青也不反抗，他认为既然是误会，又是自己人，肯定能解释清楚。但他没有想到，他并没有被逮到禁军屯营，而是被关进了一间小黑屋。

等到公孙敖赶到约定地点与卫青会面时，却没见到人，他还在不远处发现卫青的刀被丢弃在地上，他猜测卫青可能出事了。他不敢迟疑，立刻动用自己的关系展开调查，发现有人调用卫尉的人马围截卫青，又以盗窃御马罪将其送到廷尉司。这是什么样的人，竟有如此大的能量？

公孙敖觉得这件事虽然看似很小，但稍作分析，便会发现不简单。于是他立刻向武帝禀报。武帝听了却不以为意地说："一个盗马贼，按律定罪就行了。"公孙敖说："陛下可知这个盗马贼是谁？他是卫青。一个建章宫宿卫怎会去盗马呢？马是御马监管的，抓捕的是卫尉禁军，负责关押的是廷尉。陛下您想想，抓一个盗马贼需要动用这样大的力量吗？"

武帝恍然大悟，立刻派人传口谕命廷尉放人，并让人暗中调查有哪些人参与其中，三日内据实呈报。

此时，卫青被关在暗室里，不知道自己究竟所犯何事，更不知道关押自己的是什么人。他原以为三言两语就可解释清楚的事情，现在却百口莫辩。他感到了事情的严重性，在懊悔和恐惧中等待着。他不知道，自己即将被处死。

当天晚上，公孙敖又把这盗御马案前前后后想了一遍，断定这些人既然敢违规抓人，也就有可能不经审理，先斩后奏，这样一来，卫青可就危险了。他决定立刻行动，先把卫青抢出来再说。

说干就干，公孙敖带着一小队人马悄悄来到小黑屋门前。除了巡逻的禁军外，看守小黑屋的还有四五个狱卒。平时这里只有三人看守，今日增加到五人，说明里面有重犯。

公孙敖上前与狱卒搭讪，狱卒见他身着宿卫军服，没敢多问，只是警惕地看着他。这时，公孙敖的几个手下乘机破门而入，将卫青救了出来。

狱卒反应过来后，大叫道："快去廷尉司，让人报知廷尉，有人劫狱！"

巡逻的一队禁军听到喊叫，慌忙围拢过来，得知有人劫狱后，立刻进行堵截。公孙敖将卫青扶上马背，然后策马向建章宫奔去。他们且战且退，好不容易脱离了险境。

第二天，武帝亲临御史台，命御史大夫庄青翟督查此案。

这时，廷尉宁成也来了，一见到庄青翟就慌张地说道："御史大人，大事不好，要问斩的罪犯，昨夜被人劫走了！"

庄青翟一脸无奈，宁成这样说，这不是表明他是知情人吗？

他气急败坏地对宁成说："皇上在此，谁让你擅闯进来的？此事我管不了，为何不直接向皇上禀告？"

武帝已经明白这事跟他们脱不了干系，顿时龙颜大怒。

宁成急忙跪下，说道："陛下，这……不是臣的主意。"

"那你说，是谁的主意？"武帝质问道。

"这……臣也不知……"

武帝猛拍案桌站起来，将案上的一块镇纸摔得粉碎："大胆，你是想欺君罔上吗？"

丞相许昌连忙上前劝解："陛下息怒，想来是陛下放人的圣旨还未传到。"

武帝怒道："没有传到？那好，是谁下令杀人的？"

庄青翟无奈，事情到了这个地步，他也顾不了那么多了："陛下息怒，老臣也是按太皇太后的旨意行事。"

武帝当然知道幕后主使之人是谁，但他仍故作惊讶："大胆，竟敢冒用太皇太后的旨意。太皇太后至仁至慈，怎会派人偷御马，栽赃陷害他人？又怎会冒犯大汉律法，滥杀无辜？"

庄青翟连忙伏地磕头："皇上，老臣想起来……是皇后……"

武帝并不想揪出真正的幕后之人，但他对这件事已经想好了处理办法。

翌日早朝，未央宫前殿。武帝当堂宣诏："廷尉宁成，手操生杀大权，险些误杀忠良。此等无用之人，不宜留在廷尉司，改任内史。"宁成知道自己是代人受过，但能保住性命已经不错了,忙跪下谢恩。

"卫尉丞李升期滥用兵权,擅自调兵,免职待罪。"李升期更为无辜,神仙打架,小鬼遭殃。

另外下令将御马监斩首。至于庄青翟,武帝没有动,窦太后自然知道他是有交换条件的。

随后,武帝又公布了几项任命。骑郎公孙敖升为骑郎将,加授太中大夫;常侍郎东方朔加授太中大夫;建章宫宿卫卫青任建章监。前两项任命顺理成章,后一项任命却引来一阵嘘声。

建章宫在扩建之前只是一个用于休闲的宫殿,没有像未央宫、长乐宫那样设卫尉,因此建章监是一个较为特殊的官职。武帝见众人似有异议,随即又给卫青加封侍中。侍中虽然是个虚衔,却有了入朝议事的资格。

又过了几天,武帝与卫子夫的第一个女儿卫长公主满月,这样的喜事自然要热闹一番,武帝宣布立卫子夫为夫人。卫子夫派人把河东的家人接来京城,但母亲卫媪已经很老了,宁愿和卫步、卫广在老家生活;二姐卫少儿与平阳侯府的小吏霍仲儒生有一子,取名霍去病,才两岁多,但霍仲儒自始至终都没有认过这个儿子,卫少儿便带着儿子来京了;大姐卫君孺前段时间回家探望生病的母亲,这次也随同返京。卫子夫为他们备好了宅邸,还派去了不少家仆。

卫长公主的满月宴办得很有特色,不仅有歌舞宴饮和各种游艺活动,还邀请了不少文人墨客来写诗作赋,其中最著名的是司马相如所献的《上林赋》。武帝读了《上林赋》后大受感染,突发奇想，对东方朔说："朕还想给你加封官职。"

东方朔一脸疑惑地望着武帝，但看出他不是在开玩笑。

武帝问他："东方先生认为《上林赋》写得如何？"

东方朔毫不迟疑地说："简直是神来之笔，堪称大家之作。"

"那先生觉得文中上林苑的景致如何？"武帝又问。

东方朔答道："天地造化，绝无仅有。"

"太好了！朕就封你为上林苑将作监，按司马大人赋中所述建造上林苑！"

"臣领旨遵行！"东方朔也一本正经地应承。

这时，一个大臣急趋几步，跪倒在武帝前面："启禀陛下，臣汲黯有本呈奏！"

汲黯抬起头来，一脸严肃地说："陛下，先帝文景二世，以节俭治国，动用百金以上，就慎之又慎。陛下今日大兴土木，建造园林，就是将国库耗尽，也未必能如《上林赋》中所写的那样奢华啊！"

武帝闻言略有不悦："先帝留下的国库，自然是由朕来使用。再说，此举也是为了扬我国威，不让匈奴等外敌小觑，有何不妥？"

汲黯直言不讳："臣只恐国库百年积蓄，子民千万血汗，被全部用尽！"

武帝耐着性子说："照你这么一说，朕就成了祸国殃民之昏君？"

"陛下如果爱民，就应节俭行事，不能大兴侈靡之风！"

"大胆！如今天下太平，朕兴造上林苑，太皇太后和满朝文武皆不以为不好，你为何说朕不是爱民？"

汲黯仍据理力争："臣以为，兴造上林苑之事，万万不可！"

武帝一拍案子："汲黯，你太狂妄了！有本事你也写篇赋来，让我也照你的办！"

汲黯毫不畏惧，挺着脖子说："臣虽不能写词作赋，但臣就是死了，也不能让陛下大开铺张之风！"

东方朔见有火药味了，拉了拉汲黯的胳膊，低声说："皇上是跟我开玩笑的，你干吗如此较真呢？"

汲黯不听，强硬道："开玩笑也不行，这种事能开玩笑吗？"

东方朔气笑了，一时无言以对。

武帝见汲黯跪地不起，缓和了语气，说道："上林苑是朕的狩猎之地，朕之所以要狩猎，实际上是为了强兵。东方先生，在朝堂之上，若朕明着说要修演兵场，太皇太后和柏至侯许昌能够同意吗？所以，趁着这热闹的时候说，真真假假，就看你如何听如何做。"他的话是对东方朔说的，但也是说给汲黯听的。"借司马相如献《上林赋》之机，朕要在上林苑修建演武场，但那些人听说修建演武场肯定是不愿出钱的；若是说修园子射猎场用来享受，他们会一百个愿意，这就是'无为而治'，懂吧？"武帝语带嘲讽地说。

因为窦太后的存在，武帝在朝政上无法施展手脚，整天无所事事，闲得慌了就想找点正经事做。一天，骑郎将公孙敖、太中大夫东方朔、猎犬监杨得意、内侍令所忠等人簇拥着武帝来到建章宫。卫青作为建章宫监，听到"皇上驾到"，立刻到别风阙跪迎，后面还有数十名宿卫列队恭迎。

武帝让卫青平身，问道："你就是建章监卫青？"

"回禀皇上，微臣正是。"卫青虽然不止一次见到这位年轻的皇上，但从未跟他讲过一句话，显得有些拘谨。

武帝也是见到过卫青的，但并未过多注意，今日细看，见他体魄强健，脸上充满刚毅果决之气，很有军人气质，便夸赞道："公孙骑郎平日对你赞不绝口，今日一见，他所言非虚呀。"

卫青一时不知如何回话，只得像其他卫士一样笔挺地站着。

武帝见卫青有些紧张，又随口问道："建章监觉得朕的期门军如何？"

"期门军？"卫青还从来没听说过，他看见武帝的手指向宿卫，猜想他们可能就是期门军，于是回道："陛下的期门军人人骁勇，御敌可以一当十。"

武帝笑了笑，说道："真有那么厉害？"

卫青回道："步战是可能的，但期门军骑术较弱。"

武帝见卫青说的与自己想法略同，于是拉着卫青走进玉堂殿，一起讨论把宿卫训练成一支强大骑兵的构想。

事后，卫青给武帝上书称："我汉朝屡行和亲，恐美人之身难饱饿狼之躯。匈奴大举犯汉之心，愈演愈烈。再行无为而治，西北国土大有为匈奴所占之虞。皇上应遣亲近之人,广募死战之士,演练兵阵,及早准备。"

武帝御批"甚合朕意"。此后,武帝来建章宫更勤了。除了必要的早朝外,他大部分时间都泡在上林苑里,表面上无所事事,实际上是忙着建校场,准备训练一支可与匈奴抗衡的骑兵。卫青整日跟着皇帝转悠,他把大量的时间用在了军事训练及武器改制上。

在以后的几个月里,卫青每天重复着同样的工作:上马下马训练、策马疾驰训练、转弯训练、队列训练,以及冲杀劈砍训练。他当过几年骑奴,又在建章宫服役两年,骑术自不用说,完全可与公孙敖并肩。但他发现若跟匈奴骑兵对抗,骑术再好也占不到便宜。他想到了步兵和车兵的阵法,如果将这两个兵种相融合,肯定会形成某种优势。于是,他就向东方朔请教阵法。

东方朔年长卫青几岁,与卫青有着共同爱好,两人很快成了朋友。东方朔眼下也是个闲人,而他总是闲不住,尤其是他的那张嘴更是闲不住。武帝命他整修上林苑,一不给他人,二不给他钱,而上林苑大到望不见边,他只能改"修"为"逛",整天在上林苑晃悠。

卫青听说东方朔会一种独门阵法——阴阳八卦阵,且自称能诵兵法二十二万言,便强拉他来教习阵法。过了一段时间,东方朔对卫青说:"我的阵法得结合战车才能发挥真正的优势。"卫青不得不研究战车。但战车只有北军才有,他连战车长什么样子都不知道,于是奏请武帝调来十辆战车,同时北军还派来一位叫苏建的校尉任上林令。上林令分管苑中禽兽、宫馆、禁卫治安等,实际上是武帝掩人耳目调来训练新军的,据说苏建对军备武器很有见解。

卫青对战车进行仔细观察,试驾后发现木质战车经不起折腾,他用铜铁加固的方法对战车进行改良,即后来的武刚车。东方朔看了改良后的战车,对卫青说:"你的战车,平时用马拉着士兵,一辆一辆疾走如飞;可打起仗来,将马解下,用士兵推着它们走,就是游动的战阵。你看,你的一辆车,就是我的一支短棍。三辆车一连,就是一根长棍。三车锁成一体,不就是八卦中的'阳'吗?而两个单车相配,中间有个空隙,不就是八卦中的'阴'吗?九车三排相叠,便是八卦中的乾卦,匈奴人再凶猛,也不可能越过!而两车成阴,其中最为玄妙。如果我军撤退,退到车后,你可以让所有的车都空出位来,就是三阴相叠,便是坤卦,那么士兵便可自由地退回武刚车阵之后;敌军追来,你的武刚车合而为阳,或阴阳相间,敌军纵然无数,也要被你这三重车阵的来回变幻搞得头昏眼花。你的士兵、弓箭手躲在车后,近者可用长钩钩敌于马下,远者可用弓箭射敌于混乱之中。这就叫阴阳八卦阵车。你以为这样如何?"

卫青听了连连拍手称妙。

东方朔又说:"战场之上,从无定势。战阵更要因时而变,因地而变。变,才是阵法的核心。你除了将这种阵法熟记于心,还要读懂太公、孙子、孙膑兵法。运用之妙,在乎一心。而心之灵动,方可厚积而薄发。"卫青被东方朔的渊博知识所折服。

卫青在早晨操练的时候,还发现汉军的主战武器——剑、矛、戈、戟、槊、钺等,以及匈奴双刃弯刀都有不尽如人意之处,但又说不出来具体哪里不好。他想到了环首刀,如果让骑兵统一使用环首刀,是不是更方便呢?

这一切为后来汉军的武器改良以及建章骑营(包括羽林卫)的创建埋下了伏笔。

第四章 利剑出鞘

第一节 马邑伏击战

在武帝暗中安排训练骑兵时,窦太后继续在朝中推崇黄老思想和"无为而治"的执政理念,对内维稳,对外和亲,还真让汉王朝北方数年无战事。

这段时间,武帝依然打猎游乐,经常微服出行。他还经常在夜里出宫,自称平阳侯,外出"考察民情"。他与能骑马射箭的左右亲随相约在殿门前集合,黎明时分就到了终南山脚下,射杀鹿、野猪、狐狸、野兔等动物。

在上林苑,卫青和苏建、公孙敖、韩嫣等人仍在不停地练兵,研制武器,改良战车,还制作了一些简易的马鞍。

建元六年(前135年),匈奴军臣单于听信下人的话,认为攻打汉王朝不能采用强攻,而应利用汉王朝内部的矛盾,让他们发生内讧。于是派使者请求和亲，要求汉朝嫁一名真的公主给他，并且要求大量的嫁妆。武帝认为新上任的军臣单于过于嚣张，照这样发展下去，汉匈之间迟早会有一战。朝堂之上，对于是否要与匈奴和亲，文武百官互相争辩，各执己见。

退朝后，武帝去见王太后，王太后认为此时正是和平时期，不宜出兵征战。她提议说："太皇太后身边有个侍女叫倩儿，可以赐她一个公主的名号，去完成朝廷的和亲任务。"但武帝不想采取和亲政策了，这相当于永远被动挨打。

这时，程不识匆匆来报窦太后病危。武帝闻报，也顾不上和亲之事了，直接赶去窦太后处。窦太后知道自己时日无多，跟武帝谈了许多心里话，此时的他们比之前更加亲密。

建元六年（前135年）五月二十六日，历经三朝的窦太后与世长辞。

武帝知道，窦太后崩逝必然会引起各方的震动。所以，他立马采取了一些紧急措施：以丞相许昌、御史大夫庄青翟办理太皇太后丧事不周为由，将二人免官；同时任命武安侯田蚡为丞相、大司农韩安国为御史大夫；诏命边防驻兵立即进入戒备状态，以防匈奴蠢蠢欲动；将未央宫卫尉李广紧急派往云中郡驻防；又鼓励民间养马，以应官府征用。

元光元年（前134年）二月，武帝诏令郡国每年各推荐一人给朝廷，开创了察举制。

五月，武帝又下诏说："之前让大臣推举人才，大臣们都不尽心，现在确立制度，推荐人才的有赏，不推荐人才的重罚。"

很快，各路贤才俊杰从各郡国汇集到了朝廷，年轻的武帝终于可以放手大干一场了，他要开创一个真正属于自己的时代！

关于如何定议国之大事，武帝征询中大夫严助的意见。严助认为可以选派专人在朝堂宣讲，汇集各路大臣的意见，这样既可以广开言路，又使朝廷不至于只有一两种声音。

武帝听取严助的建议，设宣讲堂，立太学，重开殿试，择优重用。

在巩固了政权后，武帝便想做出个大国的样子来，使用武力给闹事的匈奴一个教训，一雪当年高祖白登山之围的耻辱。但他对用兵毫无经验，于是几次召集众臣商讨用兵之计。

元光二年(前133年)初，雁门郡有个名叫聂壹的大商人来京城拜谒大行令王恢，王恢向他打听匈奴人最近的活动情况。聂壹说："匈奴大单于和以往一样，根本没把大汉放在眼里，正等着皇上给他送美女和嫁妆呢。今趁和亲无备，诱使他出兵入塞，伏兵袭击，必获大胜。"王恢正为诱敌之计而发愁，听了聂壹的话，心中大喜，两人又商讨了一些细节问题。

两天后，王恢到未央宫求见武帝。武帝正与王太后、丞相田蚡议事，听说王恢来了，立刻将王恢传入宣室殿内。王恢一一行礼后，王太后首先发话："哀家听说你有大破匈奴的妙计，说来听听吧。"

王恢说道："托太后的福，近日云中郡边境的马邑，有个名叫聂壹的富商，长期在边境与匈奴贸易，和匈奴单于混得很熟。匈奴单于问他有无计策大破汉军，聂壹就骗他说自己可以作为内应,杀掉马邑太守,然后将城献给匈奴。匈奴单于非常高兴,许诺聂壹说,事成后必给他封王,并赏他骏马千匹。聂壹已跟微臣商议好了,届时只要在来路上埋伏二十万大军,保证可将匈奴单于擒住,我大汉便可一雪前耻,大振国威!"

王太后高兴地说:"好一个计中之计!若此事可成,哀家要请皇上封你为大将军、万户侯。聂壹也可封侯。"

王恢跪拜在地,叩首道:"臣谢太后隆恩!"

王太后又把目光转向丞相田蚡:"丞相还有疑虑吗?"

田蚡突然来了精神,对武帝说道:"臣这就与王大人一起筹备出兵事宜。此次筹划周密,定让匈奴有来无回!"

武帝见母后和丞相都支持自己,这才高兴起来,对王恢说:"你要给朕长脸呀。你们好好准备去吧。"

三天之后,武帝召集众臣在未央宫前殿就出击匈奴之事进行朝议。

结果,原本主和的丞相田蚡主动请战,魏其侯老将军窦婴却坚持和亲。

刘彻怎么也没有想到自己寄予最大期望的魏其侯窦婴,竟然不愿领兵与匈奴交战,反而建议再度和亲。武帝脸色一沉,毫不客气地直呼其名:"窦婴,先帝之时,你曾领小队兵马深入叛军大营,六进六出而毫无畏惧。如今你宝刀未老,又有灌夫等勇士追随,可你却如此害怕匈奴,这是为何?"

窦婴不急不恼地答道:"陛下!窦婴绝不是贪生怕死之徒,也愿为皇上肝脑涂地。只是那匈奴兵强马壮,熟悉草原沙漠地形,行动快捷诡秘,且又生性狐疑狡诈,未必会上当。退一步讲,即使他们中计了,而我汉家兵马,多年来疏于训练,更不了解大漠边情,未必降得住他们。一旦计谋失败,双方撕破了脸皮,那就将是生死之战,双方都会损失惨重。"

田蚡争辩说:"窦婴你曾身为汉廷丞相、大将军,如今却长匈奴威风,灭我汉军志气,实在可笑!这次出击,大行令王恢早已将敌情探察清楚,并有内线接应,匈奴人并非妖神。"他说着又转向武帝,"陛下,臣愿领兵二十万,一举歼灭匈奴,生擒匈奴单于!"

灌夫见田蚡口沫直飞,戏谑道:"你大话说得太多了吧,皇上怎会把二十万大军交给一个连马都不会骑的人?"

田蚡羞愤难当,急忙反击:"陛下,臣近些时日不仅精练骑射,还学会了排兵布阵,深知我大汉兵强马壮,尤其是苏建、卫青训练的兵马,更是可以以一当十。请陛下将卫青等人的兵马交给臣统领,臣定能战胜匈奴!"

武帝听了田蚡的话,转而问窦婴:"窦爱卿,你身为大将军,难道不想披甲上阵,再立功勋吗?"很明显,在田蚡与窦婴之间,他更希望窦婴能出来担当大任。

窦婴坦诚地说:"陛下!驱除匈奴是老臣终生梦想,但据臣所知,匈奴前几年不仅打败了月氏国,还做好了侵入我汉境的充分准备,我们不能在敌人最强盛的时候主动出击,这是兵家大忌啊!"

武帝又被窦婴的话惹恼了,怒道:"出兵之事,朕意已决,无须再议。窦婴身为魏其侯畏惧匈奴,不敢出战,暂褫夺其封地三千户,回家思过!田蚡身为文臣,敢领兵事,精神着实可嘉。朕命你以丞相之职,督领各部兵马!命大行令王恢为将屯将军,卫尉、雁门太守李广为骁骑将军,太仆公孙贺为轻车将军,太中大夫李息为材官将军,御史大夫韩安国为护军将军。各位领军都隶属韩安国,共领三十万大军,于匈奴军进入马邑时纵兵出击。"

接着,武帝还宣布了一项任命:张汤为廷尉府协律都尉,与赵禹一起审订大汉条律。这其中还有另一层含义,即暗示谁在军国大事上触犯了法律,将交由酷吏张汤审理治罪。

众人一一领命后,武帝站起来,慷慨陈词道:"此次出兵,是我大汉自高祖白登受困后,首次对匈奴出战,关系重大,务求全胜。全军将士务必同仇敌忾,同心协力,尤其要做到行动保密,步调一致。立功者,封侯受赏;违令者,定斩无赦!"

元光二年(前133年)六月,汉军三十万精兵,冒着酷暑分路北上。护军将军韩安国、骁骑将军李广、轻车将军公孙贺率主力部队埋伏在马邑附近的山谷中。将屯将军王恢、材官将军李息率三万多人马出代郡,准备从侧翼袭击匈奴的辎重并断其退路。

汉军北上之后,聂壹依计而行,以经商为名,进入匈奴腹地,以钱财买通军臣单于的近臣,得以拜见军臣单于。聂壹假装要投靠匈奴,表示愿将马邑献给军臣单于。狡诈的军臣单于将信将疑,问道:"你只是一个小小的商人,怎么可能献出一座城呢?"

聂壹毫不迟疑地答道："我有上百人的经商队伍，曾经因走私而被马邑令丞治罪重罚，与他结下仇怨。我等蓄谋已久，为复仇准备斩杀马邑令丞。若大单于肯助我，事成便献城而降，城中牲畜财物也全部归大单于。"

军臣单于分析思考很久，觉得此事可信可行，于是亲率十万大军进入武州塞，并派心腹化装成商人随聂壹先入马邑城，等斩杀马邑令丞后再进兵。

聂壹返回马邑后，乘夜色摆脱匈奴人的监视，悄悄去与马邑令丞密谋，杀死一名囚犯，割下其首级悬挂在城门上，伪装成马邑令丞头颅，欺骗军臣单于的亲信，说已经控制了马邑城，让军臣单于乘虚入城。对方信以为真，忙回去向军臣单于报告。

军臣单于随即亲率大军向马邑方向进军。当匈奴大军来到距离马邑不足百里的地方，眼看就要进入汉军的埋伏圈时，发现沿途有牲畜却无人放牧，这引起了军臣单于的怀疑。在踌躇疑虑之际，军臣单于望见不远处有一汉军的塞亭，于是派兵攻下塞亭，俘获了一名尉史和守兵百余人。

军臣单于对尉史严刑拷打，尉史便将汉军的计谋和盘托出。军臣单于听后大吃一惊，立即下令撤军。

此时，王恢、李息率领的三万大军已出代郡，准备袭击匈奴的辎重，得知匈奴退兵后，他们非常吃惊。突如其来的变化打乱了汉军的计划。王恢率领三万人马，不敢跟匈奴大军对抗，赶紧绕道返回。韩安国等率领大军主力分驻马邑境内，但好几天不见前面发来信号，只得改变原来的伏击作战方案，率军迅速出击，但哪里还有匈奴人的影子。

就这样，武帝与群臣精心策划数月的诱敌围歼之计，以失败告终。

事后，武帝以王恢没有去攻打匈奴辎重部队，临阵脱逃为由，将其下狱，欲诛之，王恢自杀而亡。

"马邑之围"后，匈奴军臣单于拒绝和谈，四处袭扰汉王朝边境，也由此拉开了汉匈大规模战争的序幕。

第二节　主动请缨

马邑之战失败后，武帝闭口不提北伐匈奴之事，对匈奴不断骚扰边境也只能强忍着悲愤，视而不见。

在此期间，苏建、卫青训练的骑兵装备了铁甲、长槊和环首刀，完全具备了实战能力。武帝又开始频繁出入上林苑。一天，他突然对卫青说："让仲卿你做建章监太委屈了，你文武兼备，若让你做一郡之守，你愿意吗？"武帝双目紧盯着卫青，卫青面容坚毅，目光如炬。

卫青展颜一笑，说道："做个好郡守，造福一方百姓固然好，可怎比得上沙场快意厮杀，为国雪耻！"

武帝说："汉家诸事均属草创，加上四夷侵扰中原，朕不变更制度，后世就没有可以效仿的准则；不出师征伐，天下就没有安宁。因此不得不劳民。"他的满腔抱负被卫青一言道出，不由得心潮澎湃，大有遇见知己之感，"十年磨一剑，朕就指望有一日利剑出鞘，扬我国威！"

元光六年（前129年）四月底的一个黄昏，狂风嘶吼，飞沙走石。上谷郡外，一匹枣红战马一路向南飞奔，马上是一个披甲军士，尽管沙尘混合着他脸上的汗珠，但仍掩饰不住他脸上的焦急，他以全速加急狂奔，每过两个驿站便换一匹马，路途遥远，不知换了多少匹马。五天后，他递送的戍边文书呈送到了武帝手中。

武帝展开一看，不禁恨得牙痒痒。文书中说，匈奴十余万大军犯境，前锋已越过燕长城，入上谷。上谷郡是燕长城的起点，也是戍边重镇，匈奴一旦突破长城防线，便可持续对中原腹地施压。如果匈奴真如文书所言，出兵十余万，那就完全不同于前几年的扰边了。

翌日早朝，武帝召集文武重臣商议退兵之策。大家讨论得很激烈，但基本上是老调重弹，无非是和亲，征各郡国士卒戍边。没有一句话是武帝想听的，他听了半天实在是不耐烦了，便直接点名："薛爱卿作为丞相，可有高见？"

丞相薛泽听到皇上点了自己的名，只得硬着头皮说："匈奴扰边，利则进，不利则退，已成习惯。为今之计，除增派强将重兵固守关隘，别无他法。"薛泽的为官之道是不求有功，但求无过，怎能指望他出良策？

武帝一听皱起了眉头。汉王朝一直都是这样做的，并形成了以陇西、朝那、朔方、云中、雁门、定襄、代郡、上谷、渔阳、辽西为支点的北部边境防线。这条防线很长，匈奴人可以随时对任一关隘发起进攻，且来去迅捷，关隘间很难相互救助。即使是重要关隘，一般也只有两千左右的屯军，且以郡县地方兵为主。若匈奴以数万甚至数十万之众来攻，边屯军就是把人拼光也守不住。京师兵对边关的援助非常有限，只有边关战事吃紧时，朝廷才会派重臣去驻守一段时间。丞相薛泽所言，等于是废话。武帝现在想要的是主动出击，而不是像以往那样被动防守。

武帝又接连问了几个文官，他们都是同样的看法。武帝又问武官，不再问退敌之策，而是直接问谁愿披甲出征。因为有王恢的前车之鉴，一班武将大气不敢出。这种场景，武帝在四年前已经经历过一次了，他知道不会得到自己想要的答复，于是挺身而立，正言厉色道："建章监卫青听旨！"

卫青只是个侍中，勉强可入殿议事，没想到皇上第一个点到自己，忙出列道："微臣在。"他误以为皇上是让他发表意见，于是立刻说出了自己一直以来的想法："陛下，北方匈奴不顾与我大汉和亲之谊，多番入侵我大汉边境烧杀抢掠，挑衅我大汉天威。陛下英明神武，早有扫平北漠之壮志，又岂能容忍他们嚣张跋扈，掳掠我大汉百姓？臣身为大汉臣子，愿意披甲出征！"卫青这一番话说得义正词严，让刚刚在朝堂上对他议论纷纷的那些官员全都闭了嘴，毕竟朝中没有哪个人愿意放弃眼下舒适的生活，去凶险莫测的战场上受苦甚至送命。

"说得好！朕命你为车骑将军，领兵一万，出兵上谷。"武帝直接点将了。

卫青吃了一惊，他原本只是准备随军出征，没想到竟成将军了。"臣领旨！"他兴奋地答道。

接着，武帝又宣布了一系列任命：骑郎公孙敖为武骑将军，领兵一万，出兵代郡；未央宫卫尉李广为骁骑将军，领兵一万，出兵雁门；太仆公孙贺为轻车将军，领兵一万，出兵云中。

刘彻点将完毕，扫视大殿一周，神情肃然，朗声道："自我大汉立国以来，匈奴屡屡犯我边境，扰我边民。朕此前曾发兵三十万讨伐匈奴，不料用人不当，为其所乘。而今匈奴犯边更为猖獗，若不设法痛击，我朝危矣！"他声震殿宇，接着道，"此战关乎我大汉的天威和国运，胜则国运昌。今日主动出击，唯求一胜，朕等各位将军得胜还朝！"

四位将军齐声道："痛击匈奴，扬我国威！"

在四位将军中，卫青的年纪最小，职位最低，因此朝中对他的议论声不绝于耳。很多人认为，卫青是靠卫子夫的裙带关系上位的。更让人看不懂的是，苏建是由北军的校尉调任上林苑，也算是建章监卫青的上司，但此次出征，卫青担任将军，苏建却以校尉从征。这更让人们断定，卫青靠的是关系。

其实，武帝这次选将，除了李广是必选之将外，其他三人都是久在皇帝身边的近臣。他对这三人最了解，也最信任。而且这次动用了他最精锐的部队，如果失败的话，汉王朝就真的没有希望了。

卫青听到一些闲言碎语后，并未太在意，也不做任何辩解。首次出征，他除了兴奋，还有点紧张不安。他不知道自己即将面临的战争会怎么样，但他心里很清楚：唯一能够证明自己的，就是一举得胜。

苏建不无担忧地提醒卫青："卫将军，此去上谷遥遥三千里，道路艰险。匈奴骑兵不仅悍勇，且来不择时，去则无踪，这一仗不好打啊。"

卫青第一次领兵出征，说不担心是不可能的，但他不能表露出丝毫的胆怯，于是故作轻松地说："我对匈奴人的习性和骑兵作战特点探究了七八年，心中有数。"

众将士也是忧心忡忡。匈奴是马背上的民族，善骑射，好战争。面对这样一个强悍的民族，大汉并非没有采取过反击，但每一次都是损兵折将，无功而返。这位将军太过年轻了，根本没有实战经验，且不说打胜仗，能带我们活着回来就是老天保佑了。

熟读诸家兵法的卫青知道，用兵首在气势，如果出征前就有怯敌之心，那是绝对无法打胜仗的。但是，鼓舞士气也不是一两句话就能做到的。他与麾下部将仔细分析了匈奴此次南侵的目的、下一步可能攻击的地方、领兵之将的性格和用兵特点。

在匈奴的政治地理概念中，其领地分为中、左、右三部。军臣单于自己领属的土地与代郡、云中郡相对。左、右两部分别在其东面与西面，设置左右贤王、左右谷蠡王、左右大将、左右大都尉、左右大当户、左右骨都侯。除了单于自己的氏族，匈奴贵族还有呼衍氏、兰氏、须卜氏。卫青所部要打击的是匈奴左部谷蠡王，据此，他针对性地制定了反击计划，然后对众将士说："匈奴人就像村子里的恶霸，整天什么都不干，就靠勒索友邻过日子。你越怕他，他就越抢你家东西；你若拿起棍棒，狠狠地把他打出去，给他一个惨痛的教训，他就会反过来害怕你。现在，请拿出你们的勇气，随我一起把恶霸打出去！"

将士们听了群情激昂，高声喊道："把恶霸打出去！打出去！"

大军出发前，卫青特意去看望了姐姐卫子夫。此时卫子夫已有孕在身，整个人显得有些憔悴。见到卫青，她一脸担忧地说："青儿，你太冲动了，你这个侍中之职只不过是陛下对你我姐弟的恩赐，在你之上还有多少文臣武将都不敢挑头，你又何必逞能呢？虽然皇上对你寄予厚望，但你也不必当着众臣的面主动请缨啊？不仅将自己置身于危险重重的战场，还驳了那些文臣武将的面子，无端招来仇恨。"

卫青知道姐姐是关心自己，忙安慰她说："姐姐，侍中只是个闲职，如果我得到这个职位就无所作为，便是坐实了我是个靠着裙带关系攀升的小人，而姐姐你在如此隆宠之下，怕是以后在宫中的生活只会更加艰辛。再说，我从小的志向就是立下战功来改变命运，此次出征便是最好的机会。若能有幸得胜归来，那青儿未来必将成为姐姐可靠的后盾；若是不幸战死沙场，那青儿唯愿姐姐以后在后宫之中能够懂得自保，安然度过一生。"

卫子夫闻言，轻泣出声："青儿的良苦用心让姐姐感动，姐姐感谢你，也相信你。振奋精神出征吧，我等你凯旋。"

卫青与卫子夫拜别，毅然转身离去。

第三节　直捣匈奴龙城

元光六年（前129年）盛夏，卫青率领大军踏上了征程。他将一万人马一分为三：三千轻骑为前锋，由他亲自率领；五千车骑为中军主力，由校尉苏建统领；二千人马为后军，由校尉张次公统领。卫青亲领前锋一路疾行，十余日后便进抵上谷。他立刻派出斥候去探查敌情，可是连匈奴先锋部队的影子都未见到。

卫青下令深入敌后，探查匈奴主力的去向。他很快得到消息：匈奴军臣单于及其弟左谷蠡王伊稚斜已探知汉军分四路出击，且出雁门的是他们所熟知且很忌惮的老将李广，于是急忙将主力人马调往雁门，集中对付李广，攻入上谷的先锋也迅速回防。

卫青事先虽已预想到了会有这种可能，但是一万人马扑了个空，让他心里很是不爽。他独自骑马从燕长城缺口越过，展现在他眼前的是一片荒漠。一阵凉爽的北风吹过，使他的头脑冷静下来，他抬眼望着远方，塞外的草原辽阔无边，蔚蓝的天空中一只雄鹰正在翱翔。忽然，雄鹰一个俯冲，眨眼的工夫就抓住一只野兔，又迅速腾飞而起。卫青脑中顿时灵光闪现：这只雄鹰不正是在教我如何对付匈奴人吗？我的精骑就要像这只雄鹰一样，一旦发现猎物便迅速出击，战斗结束后快速离开，不给敌人任何反击的机会……他随即想到了一个快速出击的作战方案：匈奴军队布局不合理，后方兵力相对薄弱，不妨来个出其不意，长途奔袭，直捣龙城。

卫青马上返回帐中,召集副将和众校尉商议下一步的计划。他将自己的想法和盘托出:"龙城是匈奴人祭祖、祭天的地方,平时也就驻扎两千多人。如今军臣单于和左谷蠡王伊稚斜要集中兵力对付雁门的李广将军和代郡的公孙将军,龙城的守军会更少。我军若从北边绕过去,奔袭龙城,定能打他个措手不及。诸位觉得如何?"

众将闻言面面相觑,只有苏建表现得镇定自若,因为他和卫青已事先预料到大军有扑空的可能,并且制定了扑空后追敌的初步计划。众人议论纷纷,有赞同的,但更多的是反对。他们对卫青的命令感到不解,从上谷奔袭龙城,路途有千里之遥,而且北出长城意味着要进入沙漠,这岂不是一次向死神靠近的行军?

卫青平静地解释说:"兵书有云,'胜者之战民也,若决积水于千仞之溪者,形也。'我的理解是,避实击虚的柔韧性,千仞之溪的冲击力,这才是我等取胜的关键。眼下我军蓄势已久,犹如千仞之溪;突袭敌后,又如水之形,避实击虚,当一击必中。"

卫青没有强行下令,担心那样会使士气大失,于是就拿兵法来激励大家,虽然大多数人都不懂兵法,但多少会让他们减少些心理抗拒。

校尉张次公又质疑说:"上谷至龙城少说也有千里,如何突袭而不会被发现呢?况且我军根本不可能到达那么远的地方。"

卫青语气坚定地说:"军臣单于和左谷蠡王伊稚斜不大可能把注意力放在我部这边,我们以轻骑从他们两部的交界地悄然进入,是不易被发现的。万一被小股匈奴兵发现,便直接将之围歼。奔袭龙城道险路遥,但驱除匈奴是我等的神圣使命,虽远必达!"他的声音不大,却铿锵有力。

众将不再有议论声。卫青看着大家,话锋一转说道:"你们远离家人,随我出征到这荒漠之地,与匈奴人浴血奋战,我实在感激不尽。只要大家奋勇杀敌,我自当禀告皇上,为各位请功;若战事失利,则由我一人向皇上请罪。"

"愿为将军效力!"众将异口同声道。

"是为大汉扬威。"卫青纠正道,然后下令,"马上做好准备,即日开拔!"

六月的塞外,天高气爽,草肥马壮。茫茫草原一望无际,广阔辽远。卫青一马当先,进入荒漠草原。越往北行,越是草少沙多,气候恶劣,黄沙肆虐,太阳就像火球一样烧灼着这片寸草不生的土地,倘若再遇上沙暴,别说是人了,就连马匹也会因为迷失方向而被困死。

大军行进数日,没有遇到匈奴的大部队,只和几小股匈奴部落巡逻兵交战,并轻松取胜。卫青从俘虏口中得知,再往西北行进四五天的路程,就是匈奴人的腹地——龙城,这是匈奴人祭祀神灵和祖先的地方。

此时,汉军的另三路大军中,轻车将军公孙贺出云中也未遭遇强敌,于是继续缓缓北进。

军臣单于和左谷蠡王伊稚斜已把主力向南压进,与雁门的骁骑将军李广和代郡的武骑将军公孙敖交上了手。公孙敖所部要对抗左谷蠡王伊稚斜数倍于己的人马，战斗非常惨烈，第一天便现出颓势。

公孙敖以为自己面对的是匈奴主力，担心抵挡不住，连忙向左右两边派人去求援。三日后，派去求援的人都沮丧地回来了。

"将军，代郡怕是保不住了！"公孙敖的副将声音颤抖着说，"卫将军已率领他的部队北上，上谷已无一兵一卒。没有援军，代郡只能做困兽之斗！"

公孙敖大声嚷道："该死！卫青北上去干什么？匈奴主力都在南边，他是要投敌吗！"他突然想到了什么：莫非他要去打龙城……难道他不知道孤军深入会很危险吗？那一万将士怕是有去无回了。

面对卫青的一万大军不知所踪这件事，公孙敖也有些慌了。首先，他的部队快抵挡不住伊稚斜的进攻了，即使死战也坚持不了几天。其次，他为卫青冒险深入敌后感到担忧，如果军臣单于及时回援，那卫青的一万人就战无可战、退无可退了。另外，李广将军也被军臣单于的主力缠上了，很难脱身，更不可能向代郡伸出援手。而云中的公孙贺离代郡太远，解不了燃眉之急。

在雁门，李广所部人马与军臣单于的骑兵主力激战正酣。他麾下的一个校尉禀报说："将军，匈奴的人马可能超过五万，以我们目前的兵力，根本就挡不住匈奴大军！"他擦了擦额头上细密的汗珠，战战兢兢地问道，"我们是否要另作打算？"

李广狠狠瞪了校尉一眼，说道："除了把匈奴人击退，还能有何打算？"李广把心一沉。他可是战功赫赫的"飞将军"，从未把匈奴人放在眼里,别说现在战事还难分胜负,就是战到只剩下他一人,他也决不会投降。事到如今,只有死守雁门这条路可走,若是丢了雁门,怕是要生不如死!

为了保存实力,李广下令麾下各部人马轮番与匈奴骑兵交战,打不过就先退下来歇息一会儿再上阵,尽量避免死拼,以减少伤亡。

军臣单于对身边的左都尉说:"早听说李广是大汉的'飞将军',此言果然不虚。他现在只以小股人马出战,自己却守在营寨,显然是要跟我们长时间耗下去,这对我们不利。我军只擅长野战,你有什么办法让他出来与我们决战?"

左都尉说:"李广是很有经验的老将,绝不会蠢到放弃关隘险要,与数倍于己的敌人拼命。但是他比较骄傲自负,我们若佯败而退,他极有可能会全力出击来追杀我们。到时我们就可以发挥骑兵行动快捷的优势,杀他个回马枪,将他包围起来,那他就成了待宰的羔羊。"

军臣单于认为这个计谋并不高明,但也不是不能一试。结果还真被这左都尉蒙对了。李广见匈奴主力撤退,起先还怀疑有诈,但观察许久并无异样,便下达了追击的命令。如果不追击,让匈奴人跑了,就意味着他此次出征只能无功而返,这是一个声名赫赫的老将所不能接受的。李广最终做出了错误的判断,陷入了军臣单于的包围。

李广知道上当后,拼死杀出重围,但他的人马损失殆尽。匈奴见汉军大势已去,便集结全部兵力攻城,雁门将士所剩无几,只能紧闭城门苦苦坚守，以弓箭射击不断冲杀的匈奴骑兵。

在公孙敖、李广全力抵御匈奴主力的时候，另一边，卫青率三千精骑在茫茫大沙漠里疾行，狂野的北风裹着沙尘呼啸而过，视线所及一片昏黄，道路被风沙掩埋，没有草，没有树，更没有人烟。但卫青心里只有一个念头——不惜牺牲，捣毁龙城。为了加快行军速度，卫青命苏建带领中军主力朝桑乾方向缓行，注意防备匈奴主力回援；后军张次公留下大部分辎重，只派三百人为前军提供够三天的粮草。同时，他又派人给公孙敖送去一封信，通报近日的行动情况，并让公孙敖脱身后赶去桑乾与苏建会合。

两天后，卫青率前军三千骑兵进抵龙城。正如他所料，城内守军不过千余，且根本没有防备汉军突袭。训练已久的汉军骑兵趁夜杀进龙城，个个如猛虎下山，扑向世代的仇敌。双方交战一处，匈奴人的双刃弯刀在与汉军骑兵的环首刀拼杀中，很快落于下风。匈奴守军七百余人死于环首刀下，主将和副将均战死。那侥幸捡回性命的三百多名残兵，弃城往草原深处逃遁而去。

龙城原本就没有多少建筑，卫青下令将所有能捣毁的都捣毁，能烧毁的都烧毁，几乎将龙城夷为平地。

翌日清晨，卫青下令往云中方向撤军。这是为了避免与回撤的匈奴主力遭遇。

此时在代郡，公孙敖凭借着有利的地形，加上强弩的掩护，使匈奴久攻关隘不下，大汉军旗始终不倒，双方僵持不下。又过了三日，匈奴左谷蠡王伊稚斜突然出人意料地选择了撤军。公孙敖大喜过望，立马整顿人马准备追击，可惜他的一万大军已折损七成，根本没有反攻之力。于是，他率残部撤往桑乾，却错过了与苏建会合的日期，半路又遭遇匈奴骑兵的追杀。当公孙敖在绥远与匈奴兵交战时，还好苏建率领五千人马及时赶到，将他救了下来。

轻车将军公孙贺出云中后一直缓缓北进，直到军臣单于撤兵北去，他才遇到匈奴的几小队人马，但匈奴人无心交战，挥鞭策马向北而去。公孙贺下令追赶，追了一路也没追上，只得无功而返。

四将出征，只有卫青凯旋，风光无限。他们还未回到京城，卫青之名和汉军得胜的喜讯早已传遍了大街小巷。

武帝比任何人都要高兴，率领文武百官在未央宫阙门下迎接这位被他寄予厚望的将军。卫青骑马而来，头戴铁盔，身穿将军甲胄和红黑相间的袍服，看起来风尘仆仆，却又显得丰神俊朗。他在阙门外下马，武帝迎面走来，拉起他的手，转身走上阙门台阶。两个内侍官双手捧着托盘，奉上两樽美酒。武帝举杯道："将军挥师纵马数千里，捣毁匈奴龙城圣地，为大汉立雄威，为国民长志气。朕代表朝中百官和大汉百姓敬将军一杯！"

卫青激动举杯，一饮而尽。台下，数千百姓连声高呼："陛下威武，陛下千秋万岁！汉军威武，汉军天下无敌！"

待声浪平息，武帝让所忠上前宣旨：依大汉律，车骑将军卫青因军功赏封关内侯，赐食邑六百户。麾下校尉均升勋爵一级，英勇杀敌、斩获匈奴首级的各位将士皆给予相应奖赏。

宣读完毕，台下又是一阵欢呼。

尽管有人私下里质疑卫青只是运气好才能在第一次出征就取得胜利，但也不得不承认能被命运眷顾有时也是实力的一部分。卫青第一次出战，便直捣匈奴龙城腹地，这对忍受了匈奴几十年侵扰的汉王朝来说是怎样的扬眉吐气！是卫青改变了大汉受制于匈奴的局面，正是这次战役坚定了武帝反击匈奴的决心，使匈奴感受到了威胁，更振奋了汉军的士气，由此展开了大汉王朝对匈奴的战略反攻。

此战对于卫青个人而言，无疑是他人生的第一个高峰。他不再是当初那个任人宰割的小宿卫了，身份地位的改变所带来的影响不仅体现在居所和称谓上，也改变了别人看待他的眼光和态度。今时今日的卫青，没有人再敢说他是靠着裙带关系上位，而是认为卫子夫是靠着卫青这个弟弟的战功才更受武帝宠爱。

除被封侯外，卫青还获奖赏新宅、黄金数十斤。当他来到自己的新府邸前，望着眼前高耸的墙院，不觉有些神情恍惚。几年前他不过是个放羊娃，后来又成了骑奴，转眼间就已经封侯晋爵，这一切仿佛是一场梦。他心里也明白，自己这次直捣龙城能成功，是因为李广和公孙敖牵制住了匈奴主力，使他没有成为被攻击的主要对象。尤其是李广出雁门后遭遇军臣单于包围，不仅杀出了重围，还能退守关隘那么久。公孙敖也遭遇左谷蠡王伊稚斜主力的围攻，折损大半兵力，为卫青突袭龙城赢得了机会。所以，当武帝唯独给自己封侯，却要惩罚李广、公孙敖两位将军时，卫青心里很不是滋味。

而对武帝来说，他这样做并不是因为宠爱卫子夫，想要抬高卫青，也不是他被蒙蔽了双眼，而是他需要一次对战匈奴的"胜利"来激励全军，来鼓舞全国民众。他要告诉天下人，大汉不畏强敌，即使敌人数倍于我，我军也能直捣龙城！由此产生的精神力量，才是这场战争的最大收获。

第五章 再踏征程

第一节 营救公孙敖

卫青封侯晋爵后,心里一直有个疙瘩解不开,那就是武帝要将李广、公孙敖下狱定罪。战场上,损兵折将本是兵家常事,何况李广、公孙敖都是面对数倍于己的强敌,他们没有消极避战,更没有临阵脱逃,却要受此重罚。卫青想到那个酷吏张汤,料定他不会从轻判罪,不禁为两位将军捏了一把汗。结果正如卫青所料,李广、公孙敖都定为丧师之罪,择日处斩。

武帝还专门发布了诏告:"夷狄背信弃义,由来已久,往日匈奴多次侵犯边境,所以派遣将领指挥前线将士迎敌,古代兵法是出则治兵,入则振旅。此次出兵,因匈奴突然入侵,我军将士新会,上下尚不协调,而兵出代郡的将军公孙敖、兵出雁门的将军李广的部属素质低劣,校尉又违命盲动,以致弃军而逃,小吏犯禁。不重视加强战备与提高士气，是主将的过失；已经三令五申，而不能尽力作战，是士卒的罪过。将军已交付廷尉，按法论罪，如果对一般士卒也要军法处置，使将军与士卒并罚，那就不是仁圣之心。朕不忍普通士卒受到牵连，因此赦免雁门、代郡两军中犯有一般违纪错误的士卒。"

卫青得知这样的惩处结果后心急如焚，却又不好向武帝求情。如果公孙敖因他求情而得以赦免，他会觉得对不起死去的七千多将士。但若眼睁睁看着自己的好友、曾经的上司，也是自己的救命恩人公孙敖就这样被处死，他也会一辈子受到良心的谴责。还有李广将军，戎马一生，战功赫赫，更不该落得如此下场。

卫青黯然神伤，独自坐在屋子里想：李广将军是大汉军中的灵魂人物，而公孙敖侍奉皇上多年，是皇上最亲近最信任的人，如今军中急缺将才，皇上真舍得杀他们吗？说不定到最后一刻，皇上心一软就刀下留人了呢？卫青这样安慰自己，心里好受多了。他站起身来，忽然想到有段时间没见姐姐卫子夫了，不如进宫去，一来探望身怀六甲的姐姐，二来也试探一下她的口气，看能不能给皇上吹下枕头风，从轻处罚两位将军。

卫子夫见弟弟来了，格外开心。此时的她集万千宠爱于一身，在宫中的地位也越来越稳固。陈皇后自从上次从长门宫回来后与窦太后、馆陶长公主一起谋害卫青的事情败露后，武帝虽然没有公开处罚她，但对她更为冷淡了。陈皇后眼看卫子夫越来越得宠，生了三个女儿，将来生儿子也是迟早的事，而她自己还未生一子，靠山窦太后又去世了，情急之下就采用了宫中下人推荐的巫蛊之术。事情很快就败露了，武帝非常痛恨这种恶毒的行为，一怒之下于元光五年（前130年）七月废掉陈皇后，把她赶回长门宫去了。皇后之位空缺，椒房殿也空着，若卫子夫这胎能生得皇子，那么入主椒房殿、母仪天下指日可待。

不过，卫子夫并不是那种恃宠而骄的女人，她深知"不争而争"的道理。这次卫青晚上登门，她知道弟弟不可能只是来看自己，于是说道："我听说皇上已赐封你为关内侯，姐姐真为你高兴。我看呀，卫家的门楣只有你这个侯爷能光大了。"

卫青不好意思地笑道："弟弟还从未想过光耀家门之事。这一次弟弟披甲出征，只是想一雪大汉几十年来被匈奴欺凌之耻，从来不曾想过会成为一个侯爷。只要能让大汉扬眉吐气，即使黄沙埋骨，也无怨无悔！"

"不愧是皇上相中的人，口口声声都是为国为民。皇上听到了，不知该有多高兴呢！"卫子夫打趣道。

卫青听了却面带忧愁，说："当今皇上雄才伟略，大有荡平匈奴、永绝后患之壮志，只是眼下不仅缺乏军备，更缺乏良将。而皇上对打了胜仗的人就封侯，打了败仗的人就处死，如果打了败仗就要被处死，还有哪个将军愿意去打仗呢？"

卫子夫脸色变得凝重起来，说道："其实，姐姐怎能不知你在想什么，无非是要我去向皇上求情，对两位将军网开一面。不瞒你说，如果一定要那样做的话，也不是不能做到，但是姐姐有一句肺腑之言要告诉你——永远不要向皇帝讨要他不想给的，永远不要勉强皇帝做他不想做的。"

"姐姐的教诲，弟弟铭记于心。可是如果眼睁睁地看着好友、救命恩人被处死，却什么也不做，这辈子我都不会心安。"卫青一脸痛苦地说。

"姐姐知道你与公孙将军情谊深厚，但你有没有想过，公孙贺、公孙敖，还有那个韩嫣，他们自幼就与皇上在一起，他们之间的感情会不比你深厚吗，哪用得着你求情？再说，处斩的判决是张汤下的，皇上要改变一个大臣的判决，还不是一句话的事吗？但皇上不能那么做，他得有足够的理由。"

"那皇上找到理由了吗？"卫青焦急地问道。

卫子夫淡淡地说："没有，但皇上口谕除叛国谋逆罪外，皆可重金赎罪。"

卫青闻言茅塞顿开，高兴地告别卫子夫，回了府中。

第二天一早，卫青便来到关押公孙敖的狱中，正好看见李广的儿子李敢等人簇拥着他出了监狱。卫青忙问狱卒是怎么回事，狱卒说："侯爷还不知道吗？李广将军的家人已经交了赎金，将他赎出去了。"

卫青终于相信以重金赎罪是真的。他赶紧把这个好消息告诉公孙敖："公孙兄弟，你知道吗，拿出万金便可赎罪！"没想到公孙敖听了却一脸沮丧。卫青不解地问道："难道你不该高兴吗？"

公孙敖沉默了一会儿，才开口道："过去也有重金赎罪的先例，可是我自幼父母双亡，又无兄弟姐妹，谁会出万金赎罪？我从十岁起，就跟韩嫣一样在皇上身边侍候，没有多少积蓄。再说，就算活着出去了，以后要过那种缺衣少食的穷困生活，那出去还有什么意义呢？"

卫青听了几欲泪下，动情地说："公孙兄千万别这么想，活着才有希望。不知公孙兄是否记得当初在甘泉宫，有个钳徒看相说我能封侯。那时谁信？如今不就封侯了。说你一生有大起大落，也就是说你如今落到谷底了，还有大起的一天，你对自己要有信心。"

公孙敖叹了口气："人各有命，富贵不是想得到就能得到的。现在想起那些牺牲的将士，我都后悔自己未能战死沙场，而今却要拿出万金让自己活命，真是可笑又可悲。"

卫青见他如此悲观绝望，正色道："既然你有赎罪之心，那就好好地活着。不然，你又如何赎罪？你没有钱，我有！我相信只要你有勇气，你这条命远不止万金、十万金。"

卫青说完就转身离去。他说自己有钱，其实他哪里有钱？前几年建自家小宅子，还是几个姐姐帮忙凑的钱。这次皇上虽然赏赐了数十斤黄金，但离万金还远着呢。无奈之余，他只得又去找卫子夫。

卫子夫听弟弟说要借钱，淡然一笑说："你看姐姐像个有钱人吗？姐姐虽然拿不出那么多钱，却可以告诉你谁有钱。你去他那里，一拿一个准，甚至你不要，只要他知道你缺钱，就会主动给你。"

"还有这样的好人，谁呀？"卫青十分惊讶。

卫子夫也不卖关子了，直接说道："你大姐夫公孙贺呀，他家可是整个京城都挂得上号的豪族。"

卫青顿时恍然大悟："难怪皇上没有处罚大姐夫，原来是想让他出钱赎人啊。"当然，这只是一句玩笑话，卫子夫也跟着笑了起来。

几天后，公孙敖走出了监狱，也从将军变成了一个平民。

秋去冬来，一晃一个月又过去了。这天，卫青从建章宫出来，见天色尚早，便准备去城西找个酒肆小酌几杯。他刚一进门，却与一个胡子拉碴的人迎面碰上，抬眼一看，惊讶出声："是你，公孙兄！"

公孙敖却冷漠地说："对不起，侯爷，是我莽撞了。"

卫青并不在意公孙敖的态度，问道："这么长时间没见到你，你干什么去了？"

"我现在不过是一个无所事事的小民，还能干什么去？"公孙敖边说边往外走。

"等等，"卫青叫住了他，"我正有事找你帮忙呢。"

公孙敖说："我能帮得上什么忙呢？"

"公孙兄还是进屋吧，我们一边喝酒，一边慢慢聊。"卫青的态度十分诚恳，让公孙敖无法拒绝。

二人进到酒肆，点了两个小菜，又要了一壶酒。

"这些日子见不到你，还真不习惯。"卫青率先开口道。

公孙敖说："聚散离合，人生常态，随遇而安，才没有烦恼。"他原本是一个孤儿，从未享受过亲情，就像一叶浮萍，无论在哪个水塘里都是一样漂着。

卫青说："没有公孙兄，就没有卫青的今天。如果说这朝中谁最知心，唯有公孙兄。"

"你要我帮忙，是不是因为怜悯我，想报答我，才故意找件事让我做？"

"公孙兄误会了，人生起起伏伏是常有之事，我坚信你不久就会重新振作。我找你帮忙是另一回事，且这事只有你才能做好。"

公孙敖愣了一下，问道："是什么事？怎么会只有我才能做好？"

"我想请你收一个门生。"卫青笑着说。

"我既非文士，又非武士，能收什么门生？"

卫青见公孙敖并无拒绝之意，便细说缘由："我有个外甥叫霍去病，今年十二岁。他对养父陈掌一点好感都没有，父子俩在一起就闹别扭。他好好的自家不待，天天往我家里跑，又缠着我教他军事方面的知识，还要我教他舞枪弄棒。我有多忙你是知道的，肯定没时间教他，所以我想让他拜你为师。"

"原来如此，这忙我可以帮。"公孙敖脸上露出了自信的神情。

卫青大喜过望，端起酒盏，与公孙敖一饮而尽。

第二节　上林苑论兵

龙城大捷后，卫青确实很忙，每天忙着在上林苑整军练兵，因为武帝此时更加坚定了继续征伐匈奴的决心。

正所谓好事成双，对武帝来说，龙城大捷给他带来的兴奋劲儿还没有完全消退，后宫又传来了好消息。

元朔元年（前128年）春季的一天，武帝刘彻正与丞相薛泽、卫尉韩安国、主爵都尉汲黯等人议事，内侍官匆匆入殿，向武帝禀报：夫人卫子夫诞下皇子。

武帝闻报，猛地站起来，高兴地大声说道："太好了，朕终于有皇太子了！"随后，他丢下一班大臣不顾，径直往后宫走去。薛泽、韩安国、汲黯等人面面相觑，都觉得哪个地方不对劲，还是汲黯最先发现了问题，闷声道："卫夫人诞下皇子，固然值得君臣上下高兴，但怎么能称'皇太子'呢？"

武帝急切地冲进卫子夫的寝宫，只见王太后手中抱着个男婴，喜极而泣。王太后衰老了许多，精神和气色都已大不如前。

武帝惊喜地喊了一声："母后……"激动得说不出话来。

王太后抱着男婴向武帝走过去："看看，他多可爱，将来肯定像他父皇一样文德武功，成为一代明君。"

武帝热泪盈眶，抱了抱褟褓中的皇子，然后走到卫子夫床前，双手捧着卫子夫的脸，深情地说："子夫，朕谢谢你，等皇儿百日那天，朕要立你为皇后！"

卫子夫幸福地笑了笑，筋疲力尽地闭上眼睛。

过了几天，武帝在朝堂上与众臣商议立后一事。众臣议论纷纷，却没有一人出列呈奏。武帝见状，对司马相如、枚皋和东方朔说："你等皆善辞赋，朕命你等以皇太子诞生之事为题，吟诗作赋，传诵天下，来庆祝我大汉的这件大喜事。"

司马相如、枚皋和东方朔三人出列领命。堂上议论之声再起,原来武帝不是口误,就是以皇太子来称呼新生婴儿。这一年武帝已经二十九岁,希望有皇子的迫切心情众人都能理解,将这个皇长子立为太子虽然早了点,但也不违祖制,所以非议之声很快就平息了。

但主爵都尉汲黯却出列奏道:"陛下正值壮年,立后之事应从长计议。今卫夫人虽诞下皇子,但陛下来日方长,当选一世家貌美德行兼备的女子入宫,又何愁子嗣!"

刘彻一听便皱起了眉头,他心里已经拿定了主意,朝议只是走走过场,没想到这汲黯竟一根筋。他没好气地说:"卫子夫贤良淑德、恭谨谦和,远胜于你们口中那些世家貌美德行兼备之辈。况且,卫青横扫龙城,忠勇双全,其德行堪为众将楷模。朕完全相信卫子夫能承担得起母仪天下之责!"他以不容置疑的语气对卫子夫做出了肯定的评价,也表明了自己立后的决心。

不过,为了让更多的人信服,武帝还是搞了一点暗箱操作,授意中大夫主父偃拟定立后奏书上呈。同时,又派人修建句芒①神祠祭拜。

这年春天三月甲子日(十三日),是为立后选定的吉日。枚皋和东方朔写成《皇太子生赋》和《立皇子禖祝》。主父偃请立后的奏疏也呈上来了。

这一天,在未央宫前殿,武帝正式册封卫子夫为皇后,入主未央宫椒房殿。同时颁诏,大赦天下,与民更始。册封仪式后,武帝

---

① 句芒:中国古代民间神话中的木神、春神。

还宣布了两件事：一是改元为元朔；二是在上林苑大宴宾客。

卫青有点诧异，皇上向来不喜铺张浪费，为何要在扩军备战最紧张的时候如此高调？

在上林苑宜春苑，皇后卫子夫和王太后设宴款待四方嘉宾，接受朝臣、郡国王侯、名流世家以及豪商大贾的道贺与献礼。武帝则传召一班武将谈兵论道。他和卫青最先来到一座八角阁楼里，在其他将领到来之前，他对卫青说："仲卿（卫青字），你已经有了与匈奴交战的经验，你以为，汉军骑兵比之匈奴兵优劣如何？"

卫青思索片刻，谨慎地回道："我汉军骑兵出上谷奔袭龙城，无一匹战马体力不支，也无一人掉队，说明汉军军士体魄强健，马匹也能满足骑兵高速行军的需要。陛下创建一支精锐骑兵的宏愿很快就能实现了。"接着，卫青话锋一转，"不过，汉军骑射不及匈奴人。先说兵器，匈奴人使用的兵器主要是弓箭、双刃弯刀和短匕；汉军的武器比较驳杂，除了弓箭和刀剑，还多用矛、戟、槊等较长的武器，这些武器都不适合骑兵冲杀作战。当与敌人迎面刺杀时，刺中了敌人，还未待拨出，两马就交臂而过，武器容易被折断或掉于马下，二次拼杀就失去了长武器的优势。而近身搏杀时也不灵便，多处下风。另外，弓箭的品质、强度也略逊于匈奴，车骑更需使用强弩。再说骑术，汉军骑兵更是远不及在马背上长大的匈奴人，没有马镫，很难在刺杀时保持身体的平衡来使力。臣正设想制作一套适合汉军骑兵的鞍子和马镫，以改善汉军这方面的劣势。"

"仲卿所言，皆为战术技巧和兵器械具方面的问题。常言道，'兵无常势，水无常形'。战场上瞬息万变，除了士卒本身的战斗力外，更多要靠主帅的临场发挥、对形势的准确判断和果断抉择，这样才能真正看出优劣。所谓千军易得，一将难求，因此，朕更希望有一批良将涌现。"武帝顿了顿，又问，"上林苑训练的骑兵有多少可派上用场了？"

"八百上下。"卫青很干脆地答道。

"如果这八百骑兵中，能出十个八个将军该多好，那将胜过千军万马。"武帝感叹道。

卫青说："培养能骑善射的骑兵非一朝一夕可成，培养将军用时更长，恐怕还得改革兵役制度才行。"

"改制？朕早有此意。"武帝看了看卫青，稍显兴奋地说道，"朕想将隶属光禄勋的期门宿卫和隶属卫尉的禁卫军，整改成羽林卫，并准许招募平民子弟入伍。另外以上林苑正在训练的三千精骑为基础，建立一支直属于朕的骑兵，就叫建章营骑。同时，至少要在上林苑饲养四十万匹战马。"

卫青脸上表现得很平静，实际上心潮翻涌，既惊诧于皇上非凡的气魄、胆量和远见，又担心这将要耗费巨大的财力、人力，国库难支。

武帝接着说："朕还将整改北军三大营[①]，将原五校尉扩充为八校尉……"武帝还准备说下去，这时，长乐宫卫尉程不识、

[①] 北军三大营：指灞河之东的霸上营、渭水北咸阳城内的棘门营、渭水北咸阳城西的细柳营。

卫尉韩安国、翕侯赵信、武骑常侍李蔡、上林苑令苏建，以及李息、张次公、赵食其等将领都来了。

武帝让众将侧重讨论匈奴骑兵与汉军各自的优势和劣势。在这方面，赵信显然是最有发言权的，他在降汉前是军臣单于的丞相，还是一个小王。他不仅熟悉匈奴人的生活习惯和用兵情况，还在汉军霸上营待过两年，熟悉汉军的情况。武帝对他说："大汉驱除匈奴注定是一场旷日持久的战争，去年的一战只是一个开始。翕侯最熟悉双方的情况，就请你给各位将军分析讲解一下匈奴军的情况。"

赵信先简明扼要地介绍了匈奴各部的活动区域、习性以及各部王的个人情况，包括不少鲜为人知的内情，然后才谈及与汉匈战争相关的情况。他说："其实，匈奴侵扰汉朝的最大特点就是随意性。虽然偶尔也使用计谋，但并不重视长远策略。只要袭扰大汉某边关有利可图且容易得手，他们就会马上行动。正是因为他们太随意，屯驻边关的汉军事先无法预知他们会袭击哪里，也就无法提前调兵遣将，做好防御部署，而且各边关驻防兵力有限，因此他们的袭击能屡屡得手。"

赵信讲完后，韩国安接着说："翕侯所言不错，匈奴人以游牧为生，常年生活在马背上，迁徙不定。他们侵扰大汉，正是利用了他们的长处——飘忽不定、出没无常的灵活性。大汉派兵增援总是在边关遭袭之后，还未赶到事发地，匈奴人早已逃之夭夭。而汉军劳师动众，往往无功而返，空耗人力、财力。如果汉军深入荒漠追击，也不容易找到敌人；即使找到了敌人，汉军因为劳师伐远，人困马乏，粮草不济，也很难战胜匈奴人。臣以为，对付匈奴人还是要用老办法，坚关防守。汉军善于防守，且有关隘之险，这是汉军的优势。"

程不识不太赞同韩国安的说法，直言道："大汉与匈奴的边界线有数千里之长，仅重要关隘就有十多个，如果坚关防守，那各个关隘就得多屯兵。就算一个重要关隘只屯驻五千人，那十多个关隘常年屯兵也要五六万，其粮草供给若让地方郡县负担，五千人对他们来说是一个很大的负担，因为边境郡县大多贫穷。这尚且不论，就算每个关隘都屯驻五千人，如果匈奴人出动数万人对关隘突袭，谁又能保证五千兵力能守住呢？即使及时增派援兵，也只能把匈奴人打退，无法消灭他们的有生力量，过了不多久，他们又会卷土重来。所以，坚关防守是治标不治本，将使我大汉长久处于被动挨打的局面。"

"那卫尉大人有何良策？"李息问道。

程不识道："若要真正给予敌人致命打击，就必须深入荒漠，把战场设在他们的后院，与他们对战。"

程不识的话让众人开始争论是坚关防守还是主动出击，多数人认为主动出击对匈奴的打击会更大一些。这时，一个少年挤进人群，说道："从去年对匈奴的战争来看，坚关防守与主动出击各有优劣。如果说主动出击更好，那么李广将军主动出击为什么就败了呢？而坚守营寨的公孙贺将军却未损一兵一卒，虽无功而返，但至少保存了实力。"

这个少年就是霍去病。卫青见他没大没小、信口开河，斥责道:"皇上与众将在此谈论军事,你一个小孩子插什么嘴!"

武帝却不恼反笑:"今日是非正式探讨,所有人都可以畅所欲言,各抒己见。去病虽是个孩子,但说的还是有些道理。"他是霍去病的亲姨夫,平日里也很宠他。

霍去病受到皇上的鼓励,胆子也大了起来,接着又口无遮拦地说:"韩将军和程将军都是我很敬佩的前辈,但我认为,两位将军所言都有片面性。战争的进程和战场上的局面,很多时候并不会按人们的意愿发展,如果非要按自己事先想好的阵势去对敌而不知随时随地变通,那肯定会吃亏。两位将军的战术也好,战略也罢,都没有脱离过去的套路。皇上需要的不仅是抵挡住匈奴的进攻或是将匈奴击溃,而是要彻底解除匈奴对大汉北方边境的威胁。"

武帝闻言高兴地说:"没想到去病小小年纪,就看得如此之远。彻底解除边患是我们抗击匈奴的最终目标,达成这一目标可能需要走一段漫长的路。朕之所以以举国之力发展骑兵,就是看到了汉军骑兵与匈奴骑兵的差距。要战胜匈奴,首先要具备与匈奴硬碰硬的实力。在此前提下,才能根据各阶段军事形势的变化,制定相应的战略战术。战略战术不是一成不变的,必须根据形势的变化而不断调整。朕今日让大家讨论的重点是比较匈奴兵与汉军的优劣,以及如何让汉军扬长避短,发挥最大优势。"

卫青分析说:"目前我汉军尚不具备深入敌后作战的实力。匈奴平时分散在草原各地,但匈奴各部良马众多,可以不吝马力,一旦发生战事,一人可配两匹甚至三匹马,日夜兼程,便可纵横草原千里，数万、数十万人迅速完成集结，快捷灵活的优势能得到最大限度的发挥。而汉军的优秀骑兵极为有限，马匹也不充足。精骑只有具备超强战力，方可对匈奴各部各个击破。臣认为，匈奴在龙城吃了亏，必不会善罢甘休。为今之计，在建立起强大的骑兵之前，我汉军攻守兼备依然是上策。"

霍去病突然嚷道："陛下，舅舅，我要加入精骑训练！"

卫青说："你现在的年纪，一是要做好基础训练，二是要多读几本兵书。"

霍去病不屑地说："我想做一个指挥千军万马的将军，死读兵书又有何用？"

武帝闻言微微一愣，说道："去病你想当一名将军吗？将军有不读兵书的么？读兵书是当将军的必备条件，我大汉的将领哪个不是文韬武略？"

霍去病只得用歪理来辩解："陛下认为孙武之时的国事、地理、兵情与现在是否相同？"

武帝道："当然不同！"

"既然不相同，那便是孙武复生，也得重新写一本兵书了。陛下不是说谋略要因时而变吗？那么他过去写的，我学了做什么？"霍去病接着说道，"所谓兵法，不过是教人如何打胜仗而已，战争情况瞬息万变，为将者当随机应变，为何要局限于书本知识？"

武帝和卫青看着霍去病，无奈地摇了摇头。霍去病的年少轻狂，也让一向善于识人的武帝隐隐感到，这个未及弱冠的孩子具有非凡的军事潜能。后来,霍去病果然以辉煌的战绩证明了自己的军事才华。

第三节 解雁门之危

在上林苑论兵之后,武帝担心匈奴会因龙城被毁而对大汉进行报复,于是任命卫尉韩安国为材官将军,到渔阳驻守。

韩安国到渔阳上任后,抓到了一个匈奴俘虏,俘虏招供说匈奴大部人马已经离去。韩安国立即上书武帝说,现在正是农耕时节,请求暂时停止屯军,让大部分本地戍卒回家帮忙。"渔阳以东,本备边塞,地接外虏,贡税微薄"。上谷、渔阳都不太富裕,韩安国曾担任大司农,自然知晓农时的重要性。所谓"人误地一时,地误人一年",农时不等人,误地一时,便一年没有收成,原本就很清苦的戍卒吃不饱饭,日子就更难过了。

韩安国想为戍卒们谋利益,不料匈奴人却抓住这一机会,在韩安国暂停屯军一个多月后,大举入侵上谷、渔阳,先攻破辽西,杀死辽西太守,又与驻守渔阳的韩安国交手。韩安国的军营中仅有七百多人,全体出营与匈奴交战,结果一触即溃,幸亏燕兵及时赶来救援,才使这七百戍卒免遭劫难,退回军营中,坚守城防。匈奴人俘虏掠夺了一千多人和大量牲畜财物后,迅速离去。

武帝听到这个消息后大为恼火,派使者斥责了韩安国,并将他调往渔阳东北边的右北平驻守,因为匈奴俘虏招供说,匈奴大军还将侵扰东边右北平一带。韩安国那点兵力守不住上谷、渔阳、右北平一线,武帝决定马上派出援兵,召集群臣商议此事。

因军情紧急,武帝开门见山地说:"韩安国于渔阳兵败,朝中何人愿往增援?"

朝堂上,文武众臣面面相觑,迟迟无人应声。

丞相薛泽见武帝满脸怒气,硬着头皮出列奏道:"龙城一战之后,匈奴更加猖獗,今满朝文武,能抵御匈奴的人除了关内侯,只怕别无他人。"

武帝一听,怒气更盛:"朕岂不知卫卿家可担此大任?可丞相为百官之首,难道不知他身染重疾?"

薛泽一直认为卫青一战封侯完全是靠运气,他倒想看看卫青是不是有真本事,于是又奏道:"陛下,关内侯是年轻力壮的武将,横扫漠北,马革裹尸尚且不惧,身体微恙又有什么可怕的呢?只要陛下圣旨一下,料定关内侯不会因病推脱。臣听闻关内侯生病在家,所见却是他在上林苑演练兵马,望陛下明鉴。"

卫青生病是真,但武帝不想让他出征也是真。因为谁也不敢保证卫青一出战就能获胜,如果败了,那么汉军刚凝聚起来的一点士气就会消失殆尽,往后的仗就更难打了。考虑到这一点,武帝正色道:"关内侯直捣龙城之举,早让匈奴人视之如虎,此去援救渔阳、右北平,必是一场恶战。若关内侯身体无恙,朕自当命他出征,可他染病在身,远征又极为艰险,稍有差池,天下臣民便会认为关内侯龙城之胜是侥幸获得,大大动摇我军民的斗志与信心。丞相有没有考虑过这一层？"

薛泽听皇上如此反驳自己，心中难免慌乱，额头上也沁出细密的汗珠。他躬身回道："臣实在愚钝，还是陛下考虑深远。"

武帝扫视大殿，继续说道："关内侯不仅仁善谦恭，而且忠君爱国。为了尽快建立一支强大的骑兵，他抱病坚持训练。朕希望朝中大小官员都有这种舍身为国的精神。"

众臣齐声应道："谨遵陛下教诲。"

这次朝议没有得出什么结果，武帝心中烦闷，宣布退朝，隔日再议。

散朝后，苏建、东方朔等人去上林苑探望卫青。卫青躺在矮榻上，脸庞稍显清瘦，面色苍白，不停地咳嗽。东方朔走近榻前，问道："将军今日身体如何？"

卫青欠身笑道："病来如山倒，病去如抽丝，我感觉已慢慢好起来了，多谢东方大人关心。"

苏建说道："精骑训练非一朝一夕可成，既然皇上准许将军病休免朝，还是在府中养病为好。"

卫青未置可否，转而问道："听说边境军情紧急，今日朝议可有退敌之策？"

"皇上命众臣荐将援边，但没有结果。"东方朔说，"皇上一向处事果决，今日却一反常态，竟要隔日再决。"

"那是为何？"卫青好奇地问道。

苏建说："今日丞相首荐将军出征，皇上怒而否决，其他人便不敢再荐了。"

"只怪我病得不是时候，让皇上顾虑重重。"卫青面有愧色，"也不知我这病多久才能痊愈，真想明日便披甲出征，与匈奴大战一场。"

"与匈奴之战必是旷日持久，将军何须急于一时。"东方朔安慰道，"将军虽不能亲征，心中肯定有合适人选，不妨举荐一二。"

卫青沉思片刻，缓缓说道："如今唯有李广老将军是最佳人选。"

苏建连忙提醒说："老将军已被罢官免爵，谁敢向皇上举荐？"

"我来写奏折，请你们代呈皇上，并在朝堂上附议，此事必成。"卫青自信满满地说。

果然，第二天在朝堂上，武帝重新启用李广为将，命他率兵驰援右北平。

一个多月后，从右北平传来喜讯，李广将军打退了匈奴左贤王的数万匈奴骑兵，战事趋缓。

李广在疆场驰骋数十年，对匈奴的认识比谁都清楚。匈奴骑兵就像群狼，作战的原则是：来如骤雨，无须沉雷即倾盆而至；若受阻击，打不过，则像疾风掠草，霎时去无踪影。鉴于匈奴的这一特性，只有随时随地抓住战机，才能取得胜利。所以，李广总结出了一套作战方法，即不与匈奴打阵地战，而是找准机会，亲率一支精锐骑兵，在游动之中对敌各个击破。这种战术对匈奴骑兵十分奏效。

苏建听闻喜讯，马上转告卫青。卫青高兴了一阵子，随即陷入沉思，他有些担心匈奴的报复行动不会就此结束，于是问道："现在双方的情况如何？"

"现在双方远远对峙，似乎都在等待时机。"苏建见卫青面带忧色，接着说道，"李广将军不仅战术运用得当，还给匈奴人制造了一些心理压力。"他还向卫青讲述了李广将军的射虎奇事。

右北平一带多凶猛野兽，尤以虎为最多。李广一边御敌，一边逐虎安民，到右北平仅十余日，便杀死好几只猛虎。一个月色朦胧的夜晚，李广带着几个随从巡查各处防务，途经一片山林，夜风悄无声息地掠过，草丛沙沙作响。李广身后的随从们都不由得紧张起来，不安地四处张望。风吹得树林左摇右晃，他们一个个都打起了寒战，唯有李广面色从容，用警惕的目光巡视着四周。一个侍从低声说道："是一只虎。"

李广借着月色寻找猎物，见草丛中一个白色物体在黑暗中格外显眼。李广猜想那是一只白虎，于是从侍从手中取过强弩，搭箭拉弓，只听"嗖"的一声，利箭如闪电般飞出。片刻间，草丛中没有了动静，李广料定白虎已死，便和侍从们继续前行。

第二天一早，李广派一队士卒去树林中取猎物。众人到那儿一看，大吃一惊：哪有什么白虎，分明是块大石头，昨晚射出的那白羽箭深深地扎进了石头中，任凭士卒如何用力都无法将箭拨出。士卒们不由得惊叹：李广将军竟有如此神力，不愧是飞将军呀！

一传一十传百，连匈奴人也很快知道了这件事，对李广又多了几分忌惮，不敢冒险攻关。双方相持数日，匈奴骑兵见一时无法得手，只得撤走。

卫青听了这个传奇故事，脸上又重新露出笑容，说道："李广将军原本就是军中的传奇人物，射虎震慑匈奴，确有其妙处，可叹可赞。"

然而，匈奴虽然畏惧李广，但军臣单于和左谷蠡王伊稚斜并没有放弃他们疯狂的复仇计划。由于右北平、渔阳、上谷几处无利可图，他们便回师西进，将袭扰目标转向代郡、雁门一带，杀死大汉官民千余人，并试图突破雁门关，入侵大汉腹地太原。

武帝还没来得及为李广在右北平获胜而嘉奖将士，雁门关加急军报又速传而至，他满心焦虑，但朝中却无将可派。

关键时刻，大病初愈的卫青毅然请命出征。

武帝多少还是有些顾虑，不仅担心卫青的身体，更担心卫青打不赢将造成不好的政治影响。他考虑再三，最后还是答应了。这次出征共出动三万人马，由卫青率主力收复雁门，李息率一部往代郡从背后策应。武帝还把自己的玉斑马赏赐给卫青当坐骑。这玉斑马是武帝的四匹白色御乘之一，高大威武，豹环眼，耳如刀削斧劈，虽历经拼杀，却奇迹般地通体光滑，一丝伤痕都没有。每次出行，它昂首睥睨，如万乘之君。武帝视之为宝马，如今赐给卫青出征，足见他寄望殷切。

卫青也激动无比，慷慨陈词："不驱走匈奴，就不回来见陛下！"

时值寒冬，雨雪纷飞。卫青率大军长驱雁门关，前锋、中军和后军除了军旗、队旗之外,还树起了一面"卫"字帅旗,三军浩浩荡荡。三路大军之后,还有数千运送粮草辎重的役夫。卫青的用意很清楚,他要告诉匈奴军臣单于:那个捣毁龙城的大汉将军卫青来了!

军臣单于得到的情报是汉军有十万援军正向雁门关而来,他本想下令撤军,但听说来者是昔日仇敌卫青,不禁有些犹豫:如果闻声而退,他作为单于的脸面和威望就没了;若不撤,汉军有十万人马,自己能打得赢吗?他兵临关前,却始终没敢继续发动攻击。

就在军臣单于左右为难、犹豫不决的时候,雁门关突然下了一场大雨,这是十年难得一遇的大雨,雨水肆意地浇打着四周的泥土围墙。巍巍恒山沿代郡北境逶迤绵延,犹如玉带连珠,将雁门山、馒头山、草垛山连成一体,形成天然险关。雁门都尉站在大雨中,任雨水淋湿铠甲,心想:有了这场雨,雁门关应该能多支撑个三五天吧。这场大雨对匈奴的军臣单于和左谷蠡王伊稚斜来说却是莫大的灾难,他们的帐篷和粮草都浸泡在雨水里,五六万人马开始经受饥饿和寒冷的考验。

又过了两天,卫青的人马进抵雁门。雁门的千余戍卒欣喜若狂,但是,当他们看到卫青带来的人马时,一度怀疑自己的眼睛。"卫将军,陛下不是派了十万大军来吗?"雁门都尉直接表明了心中的疑虑。

"对啊,这不就是十万大军吗?"卫青指了指自己带来的人马,嘴角扬起一个若隐若现的弧度。

"这……"都尉吞吞吐吐地说,"将军,匈奴至少有六万人马,还不包括代郡附近的四万。咱们这点兵力不是杯水车薪吗?"

卫青眉头微挑,嘴角的笑意更深了:"都尉守关辛苦了,现由我军接管关隘,都尉尽可放心。不过,我中军一万五千人马、后军两千人马及役夫数千,需要由都尉指引布防在险要位置,并且只能固守,不许出关半步,不许匈奴一马一卒过关。"

听到卫青的两个"不许",都尉心里直打鼓,卫青带来的人马和地方戍卒加一起不过一万八千余人,据险而守,支撑十天半月虽然问题不大,但这怎么能完全解除雁门之危呢?但卫青没有任何解释,只给了他一个坚定的眼神。

与此同时,匈奴左谷蠡王伊稚斜的军帐中,一众将领分列两旁,唯独他端坐在胡床上,薄唇紧抿,眼神如同刀子一般锐利。

"王爷,雁门关增加了援军,但全部兵马加起来也不足两万人,且全部守在三四处险要之地。"一个匈奴探马来报。

伊稚斜眼中闪过一丝光芒,问道:"那代郡有多少汉军?"

探马回道:"援军加本地戍卒,不过一万八千人而已。"

伊稚斜心中充满疑惑:不是说汉军出动了十万兵马吗?难道其中有诈?他立马派人向军臣单于通报此事。军臣单于回复说:"无妨,雨停后就派几部人马攻关,看看汉军有何动向再作打算。"

大汉的军队通常喜欢先示弱将敌人引诱到关隘下,然后依托坚固险要之地与强大迅猛的匈奴骑兵相对抗。军臣单于和左谷蠡王伊稚斜对此都深有体会。伊稚斜已经想好对策,试探性攻关之后,如果汉军是虚张声势,他就强力破关深入,直到把汉军灭掉为止。不过,眼下他考虑的是怎样才能将躲在关隘营垒中的大汉戍卒引出来。

这天,雁门关乌云压顶,狂风大作。军臣单于和伊稚斜各派一支人马向雁门关发起猛烈攻击,汉军则依靠营垒、沟壕、木栅和弓箭顽强阻击,匈奴骑兵的数次强攻都被击退,但守军没有一次主动出击,双方在几个大关口对峙。伊稚斜料定守关的汉军人马并不多,开始寻找破关的突破口。他下令攻关的几部人马后撤三十里,引诱汉军追击,等候在两翼的快骑则随时准备出击。但他不知道卫青早已料到了他的招数,没有出关追击。他更没有料到的是,卫青已亲率三千精骑越过馒头山,绕到军臣单于的主力背后,正寻机发动一次突袭。

与此同时,军臣单于接到伊稚斜的报告说,雁门关不到三万守军,只守关不出,他正准备破关南进。军臣单于突然想起一年多前,正是这个卫青在他们猛攻代郡和雁门关时,千里奔袭,捣毁了龙城。这次卫青定然是要故伎重演,说不定早绕到背后了,随时有可能发动突袭。想到这里,军臣单于不寒而栗,忙传令伊稚斜暂停攻关,回军寻找汉军精骑的踪迹。

接下来一连三天,卫青的三千精骑与军臣单于的主力如同躲猫猫一般,你追我赶,距离雁门关越来越远。伊稚斜几次攻关都未能得手,也只得奉命回防。匈奴大军来来回回几次奔走,搞得精疲力竭。如此又过了几日,在辽阔的草原上失去了汉军精骑的踪迹，这让军臣单于十分头痛。不过，此时卫青也遇到了一个不易解决的麻烦，那就是他们随身携带的七天干粮已经用尽，冬天的草原草木不丰，战马食不果腹。尽管匈奴各部也面临同样的难题，但他们事先都做了一些准备，可以提供数十天的后勤补给。

这时，军臣单于和伊稚斜会合了，他们都没有找到卫青的骑兵，甚至怀疑这支幽灵一般的队伍是不是已撤回去了。为了保险起见，他们决定分头寻找，毕竟不解决这个心腹之患就寝食难安。几天来，军臣单于都在反复思考一个问题：汉军骑兵深入到他背后，到底要干什么？

军臣单于对伊稚斜说：“汉军是不是要袭击我中心大营？”

伊稚斜立马否定：“单于大营兵力雄厚，左贤王行事一向谨慎，而卫青也绝不是个莽汉，怎么会蠢到去那里送死？”

军臣单于也觉得是自己多虑了，过了一会儿，他突然惊呼出声："对，他一定是要袭击我大军最薄弱之处！"

以伊稚斜的才智立刻也想到了这一点：这么多天下来，卫青他们早就该弹尽粮绝了，他们最有可能袭击的地方自然是粮草营。他们需要粮草，而粮草营守军战斗力相对较弱。伊稚斜一念及此，不由得出了一身冷汗。不过，军臣单于还算镇定，他立刻命令左贤王于单派一万人马火速增援附近的几个粮草营。

卫青最初并没有打算袭击军臣单于的粮草营，只是想在他的后方制造混乱，迫使他把主力后撤，并乘其混乱之际发起突袭。他的第一个目的达到了，却没有找到袭击的机会。匈奴负责后卫的是左贤王于单的人马，布防很严密。但眼下卫青不得不冒险一搏，他举起环首刀，往前一指，三千精骑朝第一个粮草营飞扑过去……

卫青的精骑如旋风般一连捣毁了五个粮草营，杀敌千余人。正当他要下令回撤之时，左贤王于单的人马赶来拦住了去路。卫青原以为自己的三千精骑可以轻松甩开左谷蠡王伊稚斜的追击，但现在追上来的不是左谷蠡王，而是左贤王。这就是说，匈奴的大单于、左贤王、左谷蠡王都亲自出马了，可见，这次匈奴下的本钱不小。

卫青没有时间多想，随意用衣袍擦干净脸上的血迹，看了看从北面围上来的几路人马，然后下令向东冲杀。左贤王于单的部众觉得汉军骑兵搞错了突围方向，因为汉军骑兵即使冲破了他们的围堵，也要面对左谷蠡王的拦截。所以，左贤王于单的几部人马不慌不忙向东追击，想与东南面左谷蠡王的人马形成夹击之势，没想到这只是卫青的一个虚招，他突然又杀了个回马枪，汉军精骑左冲右突，一路掩杀过去，将左贤王于单的其中一部人马约两千人杀了个精光。

左贤王于单损失惨重，为了保存自己的实力，他命令左谷蠡王伊稚斜从东侧横插过来进行围堵。伊稚斜复仇心切，立刻亲率主力人马追赶过来，试图一举围歼卫青的这支精骑。

卫青察觉到伊稚斜的意图，下令三千精骑一分为三，分路突围。伊稚斜一时不知该先截堵哪一路，他思索很久，才派出一个大都尉和两个大当户各领一支人马分头追去。但伊稚斜的这三路人马一直追过馒头山，仍不见汉军精骑的踪影。

伊稚斜十分沮丧,回到军臣单于的营帐后,请示是否继续攻打雁门关,军臣单于无奈地说:"出来的日子太久了,还是先退回草原养肥战马吧。"

卫青这次与匈奴左贤王于单短兵相接,左贤王于单吃了大亏,从此记住了卫青这个名字,对他恨之入骨,并开始谋划对大汉进行更加凶残的报复,一场新的战争正在酝酿之中。

第六章 收复河朔

第一节 筹措粮草军饷

汉军胜利回朝后,武帝非常高兴,准备重奖卫青及众将士。但卫青不仅不愿领功,反而闭门思过。苏建劝慰他说:"这次将军对匈奴的分析判断并无太大失误,若不是将军涉险到敌后袭扰,匈奴未必会如此快地撤兵。"

卫青一脸严肃地说:"汉军这三千精骑,是我大汉最精锐的部队,如果因为一次冒险行动全部折损,只怕皇上砍我几次头都不会解气。而我事后才发现错误预判了敌人的兵力,而且我军的粮草补给也不够充足。这两个错误都是致命的。在人口稀少、粮食全靠长途运送的北方草原作战,庞大兵力所带来的巨大粮草消耗,已经成为比敌军更让人头疼的事情。"

"将军虽有冒险之举,但终究打了胜仗,何必自责呢。皇上给了很多财物奖励，还等着将军去受领呢。"苏建说。

卫青摆摆手："把皇上的所有赏赐都分给将士们吧，这次险胜全仰仗他们以命相搏。"

武帝对卫青的性格比较了解，知道他比较执拗，既然他不愿意接受赏赐，也就不勉强他。何况国库并不充盈，为了强军对抗匈奴，军费开支成倍增加，财政已有些入不敷出。武帝之所以在上林苑高调设宴，除了庆贺喜得皇子、册封皇后外，还有一个目的就是"捞钱"。他把收到的礼金全都用来买战马、造战车，以及招募和训练精骑。他认为，"马者，甲兵之本，国之大用"，并从民间购买了大量马匹，以尽快达成养马四十万匹的目标。出使西域的特使张骞回来奏报了西域商情，尤其提到大宛产汗血宝马，武帝又准备派人去大宛购买汗血宝马，但因匈奴还横在汉、宛中间，去往大宛的路不顺畅。

元朔二年（前127年）初春，在建章宫温室殿内，武帝与一班武将商议从三千精骑中挑选一批优异者组建建章营骑。卫青第一个出来表示反对，他的理由是："营骑只是陛下的私兵，不可能上战场杀敌。现在大汉正全力抵御匈奴，骑兵原本就很稀缺，若把一大部分精骑分出去，将不利于战争。"

卫青语气生硬，武帝听了眉头紧皱，却又觉得卫青言之有理，所以暂时搁置此事，转而讨论再次攻打匈奴事宜。这时，东方朔进来转呈材官将军韩安国的奏疏。武帝看罢，生气地说："这个韩安国只会叫苦，戍边两年有余，寸功未立，还想回京！"

卫青问道:"陛下,不知韩将军是否谈及匈奴左贤王的动向?"

"奏章说,左贤王于单、左谷蠡王伊稚斜正厉兵秣马,随时都有可能南下攻打渔阳、上谷。恐怕这才是韩安国请调回京的真正缘由。"武帝气恼地说。

翕侯赵信说:"左贤王于单多数时候都听左谷蠡王伊稚斜的,如果韩安国不把伊稚斜的各部打残打怕,他必会鼓动左贤王与他合兵一处,卷土重来。"

卫青说:"战事频发,国家耗费巨大。陛下,臣对这次攻打匈奴颇有疑虑。"

武帝不解地问道:"如今翕侯赵信、义侠郭解都愿归顺朝廷,为我所用,军中又增添了一批将领,你还有什么疑虑呢?"

"陛下,汉军已今非昔比,臣不为兵将担忧,而为粮草军需担忧。"

武帝对国库的情况一清二楚,但仍佯作轻松:"现今府库是紧了一些,但朝廷已在想法子解决。府库再紧,也不会让边关将士吃苦。"

"陛下,上一次出击匈奴,臣就遇到了粮草不继的难题。如果不是匈奴左贤王过于大意,让臣钻了空子,后果会很严重。"卫青对自己的过错已有深刻认识。

武帝面有愧色地说:"上次是朝廷筹办粮草之人不力。现在朕已派人专门督办粮草军需,由廷尉张汤征粮、中郎主父偃运粮。有了这两个人,可保军需无虞。"

卫青一听心里暗暗叫苦，这二人都爱走极端，行事偏激，且张汤还以酷吏著称，于是委婉地劝谏道："陛下，张汤是个干才，可他做事太急，手段残酷，百姓恐怕要遭罪了。"

武帝笑道："薛丞相倒是温和，爱护百姓，可他征不够钱粮军需；换个有手腕的，又怕老百姓受不了。"

卫青不甘心，继续进言道："打仗是为了百姓，匈奴变本加厉地侵扰大汉百姓，这仗当然要打，可是陛下为了打仗又不断劳烦百姓，岂不是自相矛盾？"

武帝觉得卫青执拗起来一点也不逊于汲黯，只得耐着性子解释："百姓是朕的子民，朕岂会随意去盘剥他们？我朝虽历时数十载，但还有很多事处于草创阶段，加上周边的外族侵扰不断，朕若不变更制度，后代就将失去依据准则；若不出师征伐，天下就不能安定，百姓就会受苦。牺牲百姓眼下之利，就可以换取永久之利。为了天下的长治久安，百姓做出的牺牲是值得的。"

卫青还想说点什么，武帝转向内侍说："传廷尉张汤、中郎主父偃二人，速来见朕！"然后他看了卫青一眼，问道："卫爱卿，你还有话要说吗？"

卫青重新整理了一下思路，直截了当地说："陛下，近来臣听到一些传言，说皇上的军国大事都出自内廷。宰相等大臣都是徒有虚名，近臣侍卫比丞相还有权。"

武帝"噢"了一声，问道："他们说的内廷，指哪些人呢？"

"侍中、常侍、太中大夫，甚至黄门，当然是众矢之的。议论最多的就是东方朔、主父偃，当然还包括……臣。"卫青嗫嚅道。

武帝不以为意地笑道："有人这样说就对了！朕正是要采用内外朝制①来治国。不管是丞相、御史，还是侍中、侍卫，谁能成事朕就用谁。若丞相、御史和九卿没有奇谋良策，那当然就只能传传令、宣宣诏了。"

武帝这番话让在场的所有人都一脸愕然。他接着说道："所谓内朝，主要负责出主意、掌决策；外朝则负责上传下达，让百官军民遵行。如今，真正给朕出谋划策的便是内朝，不是未央宫，而是建章宫。军政大策制定出来后，则交由三公九卿的各衙门去执行办理。诸爱卿明白了吗？"

众臣纷纷点头。这时，东方朔带着一个稍显稚嫩的少年走进来。不等东方朔介绍，少年便跨前一步，跪拜行礼："洛阳商贾桑弘羊叩见陛下。"

武帝微微一愣，说道："你就是那个精于心算的少年奇才桑弘羊？"

"陛下谬赞了，小人不过一介商贾，会一点算术而已。"桑弘羊谦虚地说。其实他已经经商十多年，经验老到。

武帝正要开口，张汤、主父偃二人来到殿前，在数丈之外便伏地行礼，齐声说："臣参见陛下。"

---

① 内外朝制：这是汉武帝时期设置的一种平衡相权的政治制度。外朝官包括丞相以下的正规职官；内朝主要由皇帝的近臣如侍中、常侍、给事中等组成。

武帝抬手示意二人平身，说道："两位爱卿，众卿想了解一下你们要如何筹备钱粮为征伐匈奴的大军提供军需保障。"

主父偃瞟了张汤一眼，见他没有说话的意思，便向武帝拱拱手，慢条斯理地说道："陛下，臣年初在奏疏中提到了关于筹备钱粮的举措，无非就是实行统一货币、盐铁酒官营、均输平准、假民公田①、算缗②、告缗③等策，但这些措施难解燃眉之急，因此要有特殊的办法。臣以为，天下豪杰，并兼之家，乱众之民，皆可徙茂陵，内实京师，外销奸猾。"其实主父偃是反对征伐匈奴的，认为"国虽大，好战必亡"，攻伐匈奴乃得不偿失之举。不过武帝并没有怪罪他，还视之为"相见恨晚"的能臣。

张汤接着解释说："这个方法，就是让天下有钱的诸侯、郡王等富贵之人以及豪商大贾们为国分忧，并尽可能地把这些人集中一地，便于管理和保护他们。这些诸侯、郡王和大户，向皇上奉献钱粮是其分内之事。除了各路诸侯和郡王外，山东河南名商大贾甚多，臣和主父大人以为，让他们每家都献上几百担粮、几十万缗钱或数十匹马，可解一时之需。"

武帝高兴地点点头，问卫青："卫爱卿，你以为这一举措如何？"

---

① 假民公田：始于西汉，指将空闲田地借给贫民耕种。多在天灾人祸发生之际施行。

② 算缗：亦称"算缗钱"。西汉初年施行的税法之一，即对商人、手工业者、高利贷者和车船所征的赋税。

③ 告缗：是算缗的延伸。即鼓励告发算缗不实。凡揭发属实，即没收被告者全部财产并罚戍边一年，告发者则奖励被没收财产的一半。

卫青说："此法确实不错。但诸侯、郡王,以及豪商大贾未必都有如此觉悟,他们不愿捐献又当如何呢?"

主父偃说："普天之下莫非王土,率土之滨莫非王臣。国有征伐,便可启用战时之法规,凡国民皆有献物出力之责。倘若诸侯和郡王不能为国分忧,自有国法处治。对商贾豪户则要晓之以义,动之以利。对于率先向朝廷献物纳粮的,可依据其捐献多少,特别多的,奖励官职;少的,授个虚衔。这些商贾豪户,最稀罕的不是钱和物,而是功名。"

武帝知道,张汤、赵禹都是很有手腕的干才,加上主父偃主意多,定能成事。于是说道:"是不是好计策要看成效,能筹集到足够多的钱粮而不引起民怨,就是好计策。请张爱卿拟定细则具奏。朕有你们这些能干之臣,征伐匈奴,即使发兵数十万,也无后顾之忧了!"

东方朔说："陛下,臣在理财上实无能耐。陛下既然招来桑弘羊,不妨也听听他的看法。"

桑弘羊对张汤和主父偃的计策有些不以为然,但他初来乍到,对朝政知之甚少,不敢多言。现在皇上点名了,不露点才华出来会被人小看了,于是他谨慎地回道:"陛下,小人以为,无论钱还是粮,可以生而不可敛。敛财只是权宜之计,天下之财早晚会被敛尽,导致天下生乱;生财才能使钱粮不断增多,这才是长久之策。"

卫青觉得桑弘羊目光长远,不由得夸了一句:"说得好,寻求生财之道才是上策。"

张汤一听，讥笑出声："关内侯也信了这话？这财，也能像种庄稼一样，让它从地里生长出来吗？"

桑弘羊不急不恼地解释道："财，自然是生出来的。比如，陛下鼓励民间多养马匹，又鼓励发展农业，鼓励工匠多做器物等，都是生财之道。如果不生产，哪来钱粮？"

武帝见争论已有火药味了，赶紧打圆场说："这权宜之计也好，长久之策也罢，都是为了解决粮草军需的问题。如今边关事急，权宜之计能解燃眉之急，自当采纳。桑弘羊眼光长远，确为大用之才。东方爱卿曾向朕献书简三千册，那是朕的治国强国之策。你不妨先读一读，再给朕写出长远的强国富民之策来。"

桑弘羊拱手应答道："草民遵旨，定当不负圣望！"

第二天早朝，武帝宣布了几项任命：大盐商东郭咸阳、大冶铁家孔仅为大农丞领盐铁事；精于心算的桑弘羊管计算；杨可主持告缗。另外，中郎主父偃升任中大夫，协助廷尉张汤督办粮草军饷之事。

第二节　征伐河南地

当大汉为征伐匈奴而努力筹集粮草军需时，元朔二年（前127年）秋，匈奴左贤王于单因不敢与驻守右北平的"飞将军"李广争锋，率部众数万转而侵入渔阳、上谷，杀汉朝军民两千余人。韩安国无力抵御匈奴入侵抢掠，又不能不拼死相抗，结果再次兵败。他气闷忧心，一病不起，不久便病逝于任上。

武帝听闻上谷、渔阳再次遭袭，怒火中烧，急召众臣商议退敌之策。这一次，大臣们异口同声地推举卫青为主将，武帝紧绷的脸上才稍稍有了笑意。他的目光缓缓扫过众臣，然后正色道："命关内侯、车骑将军卫青往上谷增援，校尉李息往渔阳增援。"

李息等卫青先接旨，卫青却站着没动。武帝看向他们，卫青出列拱手道："臣……不敢接旨。"

此言一出，立刻震惊四座。武帝更是怒目圆睁："卫青，你这是想抗旨吗？"

抗旨可是死罪，李息不禁为卫青捏了一把汗。但卫青面无惧色，不慌不忙地说："陛下，渔阳、上谷的急报已是一个多月前的事情，朝廷兴师动众赶过去，匈奴人早已如飞鸟四散。何况汉军千里奔袭，赶到上谷犹如强弩之末，遇上了匈奴人也未必能赢……"

卫青顿了顿，提高声音道："以往我们对匈奴作战都是被动防御，即使偶有出击，也是以少对多，折损惨重。臣以为，大汉要彻底打败匈奴，必须变被动防御为主动出击。这次我们不能让匈奴牵着鼻子走，不能去追击侵扰渔阳、上谷之敌，而是要换个地方打他个措手不及。"

听到这里，武帝语气稍稍和缓地问道："卫爱卿可有良策？"

卫青语气坚定地说："打河南！我们发兵佯装向东增援渔

阳、上谷，实则往西打河南。"

凡参加过对匈奴作战的将领听了都同声称妙。武帝也露出了满意的笑容："卫爱卿这个主动出击的目标选得好。河南之地，距关中不过七百余里，匈奴白羊王、娄烦王盘踞那里多年，如果他们出动骑兵南侵，两日便可进逼京师。朕早想将匈奴在河南之地的势力连根拔除，卫爱卿所言甚合朕意。"

卫青见大家一致肯定自己攻打河南的建议，便进一步解说作战意图："黄河如一条巨龙横亘东西，河水自昆仑而出，吸纳众流，蜿蜒东去。但至榆中突然转折，入大漠而径直北上，千里迢迢，过灵州，达高阙，迂回五百里，再南下，黄河水走出一个'几'字形，向北凸出。河南之地，就指这个凸出的部分，即河套以南地区。匈奴占据此地，犹如向我大汉疆域插入一把利剑，这是匈奴南侵的优势，但他们也有致命的弱点。从地理上分析，云中、雁门再到上郡，正好对匈奴二王的地盘形成一个半包围的形态。我的设想是，由我领一支精骑出云中，沿黄河岸向西迂回，进至位于'几'字左上角的高阙，从高阙自北向南，直插陇西。如此便可完成对白羊王、娄烦王的包抄。李息校尉则从代郡向西逼压，如此便形成夹击之势。"

卫尉程不识、校尉李蔡等人认为深入高阙太过冒险，担心阴山之北的右贤王南进，会使汉军两面受敌。

卫青解释说："高阙位于右贤王与军臣单于本部领地之间，往南有阴山阻隔，从阴山北面往高阙只有一个缺口，那里地形复杂，地势险要，右贤王的骑兵很难通过这个缺口。我军只需留驻小股部队便可抵挡右贤王南进，所以这个看似很危险的穿插是完全可行的。"

武帝见卫青早已有了作战方案，于是命卫青为车骑将军领兵四万出云中，校尉李息出代郡，以驰援渔阳、上谷为名出兵。河朔之战就此打响。

卫青、李息两路大军大张旗鼓地行军，消息很快传至匈奴大单于王庭。军臣单于正在病中，不耐烦地对国相说："汉人急急忙忙赶去增援是好事，那就让左谷蠡王率部迎敌，左贤王协助提供粮草补给并作为后援。这次就让左谷蠡王好好教训一下汉军。"

几天后，卫青、李息两路人马都抵达雁门。卫青站在城墙之上，遥望塞北，意气风发地说："当年秦朝大将蒙恬率三十万大军北逐匈奴，才收复河朔之地；今日我卫青将以四万精兵让河朔重回大汉怀中！"

李息的人马留了下来，等待卫青完成穿插包围，同时防范左谷蠡王发现汉军意图后来攻打代郡。卫青则率四万大军悄悄连夜出关，经云中，向西直奔高阙。

从云中到高阙是一条人迹罕至的崎岖之路。卫青的大部人马克服重重困难，来到阴山之麓、黄河之岸的高阙城下。高阙城附近有一山坳，足以藏兵三四万。卫青下令在此宿营，第二天早上攻取高阙。

翌日，当朝阳刚刚跃出地平线，汉军就吹响了进军的号角。匈奴人刚从睡梦中醒来，不知发生了什么，他们纷纷登高远望，只见身穿红色战袍、头戴铁盔的汉军骑兵飞驰而来，他们手中的环首刀在阳光的照射下闪烁着寒光。匈奴人没料到汉军会突然出现，忙取出弓箭胡乱射击。高阙并非正规城邑，没有城墙，汉军骑兵瞬间杀至城下。匈奴人急忙丢下手中的弓箭，操起双刃弯刀迎战。驻守高阙的数百匈奴人大都未经历过战场搏杀，不到半个时辰就被杀得片甲不留，剩下的只有漫山遍野的牛羊。

汉军还未来得及喘息，卫青就又下达命令："带上熟食和水，立刻向灵州进发！"他对将士们解释说："机动作战，就要速战速决，不能给敌人防范准备的时间，否则会给我军将士造成较大伤亡。我们的目标是要攻取河南之地，只要打了胜仗，我定会为将士们请功。"

老将李沮、年轻校尉荀彘等人都对卫青敬佩不已，连连称赞："卫将军高见！"大家纷纷上马向南边的另一个目标奔驰而去。卫青在高阙留下一队人马，自己随主力南进灵州。

汉军攻取高阙用时虽然很短，但还是被白羊王、娄烦王得知了消息，他们不明白汉军是怎样从云中杀向高阙，又从高阙杀向陇西的。娄烦王忧心忡忡地说："汉人突然出现在我们背后，怕是来者不善啊。"

白羊王料想汉军人马不会太多，故作镇定道："兄长不必多虑，这是汉人惯用的偷袭手法。东边的左谷蠡王已稳定住战场，他们一定是不敢去渔阳、上谷一带与左谷蠡王交战，才跑到这里来钻空子。只要我们做好防范，定能叫他们有来无回！"

娄烦王仍不放心，说道："灵州孤悬于阴山之南，大单于、右贤王想对我们施以援手都不容易,我们还是尽快集结兵力,小心防范为上。"

于是,匈奴人的快马穿梭于各部之间,传递了二王的军令。正在放牧和打猎的匈奴青壮年全都披甲跨马,迅速集结数万之众,组成一支强悍的骑兵队伍,准备在河朔地区围剿汉军。出乎意料的是,迎接他们的竟是汉军的四万精锐骑兵。

克将李沮作为先锋,在途中遭遇了娄烦王的一支人马,双方短兵相接,娄烦王的人马很快就被杀得七零八落。逃回去的人向娄烦王谎报军情,说汉军不少于五万人。原本胆小的娄烦王一听顿时慌了,首先想的不是如何御敌,而是做好逃走的准备,把精兵强将都放在自己身边护卫。如此一来,白羊王就只能单独迎战汉军主力了。

最初,白羊王摆出了一副决战的架势,经过一场激战后,他发现汉军的人马越战越多,这哪里是来偷袭的,分明是要围歼他。白羊王只好转攻为守,寻机以骑兵突围。汉军步车兵使用的远战武器是强弩,对远远冲来的匈奴骑兵有极大的杀伤力;汉军近身搏杀的武器是长矛、长戟、长槊,对刺杀匈奴骑兵也很有效。而匈奴骑兵以双刃弯刀对战汉军精骑的环首刀,更是占不了上风。很快,白羊王无论是防御还是进攻都失去了优势。

白羊王知道这样打下去对自己很不利,便派人联系娄烦王准备撤退。这是匈奴人的一贯作风,打不赢就跑,只是他有些舍不得这块经营了数十年的草原。再往陇西就是休屠王和浑邪王的领地,他们虽然也听到了汉军攻打河套地区的消息,但并不打算伸出援手，因为他们与白羊王、娄烦王有积怨。匈奴右贤王得知自己的部属被围，连忙命自己的儿子率兵援救，他们试图从阴山缺口进入河套地区，但被卫青安排留守高阙的人马挡住。匈奴右贤王只得传令陇西的休屠王和浑邪王出兵，陇西二王也明白唇亡齿寒的道理，于是发兵救援。

斥候向卫青禀报了陇西二王的动向，卫青马上派人烧毁黄河上的桥梁，同时让代郡的李息向西靠拢，封锁娄烦王、白羊王北上的必经之路。随后，卫青又召集前、中、后三军的主要将领做战术部署："从今日起，我主力军分三路行动，校尉荀彘领兵六千，沿贺兰山东麓和黄河之间的平坦地带行军，直到贺兰山脉终端，安营扎寨，等候与大军会合；苏建、李沮、张次公三人率一万五千人，沿黄河东岸南行百余里，然后折向东面，进入河套草原腹地；我自率一万五千人从此地向东横插到河套草原腹地，待两路大军到达腹地后，再进行南北夹击。"

次日，卫青一路人马因是直接东进，当天便进抵草原腹地。另两路大军按既定方略行军，苏建等人率部轻装简行，第二天进抵草原腹地。娄烦王和白羊王合兵一处，等候援军到来，如果还见不到援军，他们就会完全放弃河朔。但卫青岂会轻易放二王逃走，他立刻向另一路大军下达了夹击命令。

翌日清晨，卫青以三千精骑向娄烦王中心营地发起了冲锋。他们疾速冲向马群、牛群，受惊的牛马四处乱窜。步车兵则远远地用强弩将带火的箭射向匈奴人的营帐。中心营地火光四起，牛马嘶鸣，乱作一团。匈奴人从一顶顶燃烧的帐篷里慌忙跑出来，甚至来不及拿起武器。数万人过于密集地扎营于一处，不仅不能保护二王的安全，反而成为掣肘。匈奴骑兵除了逃跑，别无他法。

此时娄烦王反倒冷静下来，下令高举王旗，将四散而逃的约两万骑兵重新聚集起来，与汉军对峙。他的意图很明确：再支撑几天等援军到来。不然，逃走以后再想卷土重来，那就难了。

卫青见匈奴人一改往日打不赢就逃的习惯而摆出以死相拼的架势，也不愿拿将士们的性命去拼。因此，当苏建等人所率人马杀过来后，他调整了作战部署：匈奴骑兵主动进攻时，汉军精骑避其锋芒，以车阵强弩对抗；然后以精骑切断其退路，再以优势兵力围剿出击的匈奴骑兵。

卫青此招非常有效，匈奴娄烦王每次派出的骑兵在发起一阵冲锋后都会被打退回来。连续几次之后，娄烦王才发现自己上当了，不敢再轻易让骑兵出击。但他又不善防御，只得将主力向右翼的白羊王靠拢。卫青很快觉察了娄烦王的意图，又以精骑冲击匈奴阵营，将其左、中、右三路人马分块切割，再集中优势兵力各个击破。娄烦王和白羊王感到无法再支撑下去，于是纠集残部边打边向西面的灵州撤退。

灵州是黄河河套西面的一个渡口，距高阙要塞数百里，为匈奴右贤王增援河朔的必经之道。卫青已经派荀彘在贺兰山南端拦阻。当然，荀彘的人马是不可能将娄烦王和白羊王的人马全部拦下的，他们在休屠王和浑邪王的接应下逃到陇西去了。

娄烦王和白羊王逃走后，汉军继续清剿残敌，活捉敌兵数千人，夺取牲畜一百多万头，完全控制了河套地区。

卫青班师回朝，长安部分民众自发上街饮酒庆贺，一些商人也给前线的将士捐赠钱物。武帝也十分高兴，第二天早朝口授嘉奖令：

"匈奴违背天理，悖乱人伦，欺凌尊长，虐待老人，以盗窃为职业，欺诈各部蛮夷，策划阴谋，仗恃武力，屡次侵害边境，所以朝廷派兵遣将，征讨它的罪恶。《诗经》里不是说过吗，'攻伐猃狁，直击太原'；'战车隆隆，在那北方筑城'。现在车骑将军卫青渡过西河，直到高阙，歼灭敌军二千三百人，把他们的物资牲畜都缴获为战利品，已受封为列侯，于是西进平定河南地区，巡行榆溪旧塞，横越梓岭，架桥北河，讨平蒲泥，打败符离，斩杀精锐敌兵，捕获隐蔽伏听之兵三千零一十七人。捉问俘虏，知敌所在，俘获卒众，赶回马牛羊一百多万头，全师而还。增封卫青食邑三千户。"同时晋封卫青为长平侯。卫青麾下校尉苏建、张次公有军功，分别封平陵侯、岸头侯。

第三节　修筑朔方城

武帝在殿堂上公开重赏卫青及其麾下将士，众臣也都心悦诚服，因为此战将匈奴人向北驱逐到了黄河以外，极大地降低了匈奴对长安的威胁，初步解决了匈奴南下骚扰内地的问题。这不仅是汉匈交战以来取得的最辉煌战绩，而且为汉军对匈奴展开战略反攻建立了一个前沿阵地。

不过，主父偃当堂提出意见说："对付匈奴历来都是耗费大，获益小。夺其地而不可耕种，获其民而不可教化，皆于国无益，反而使中原疲敝。世事风云变幻，让人难以琢磨清楚，但有一件大事必须予以重视，那就是筑城。"

武帝听了主父偃前几句话还眉头紧锁，但一听到筑城，又立刻眉开眼笑："爱卿是说可在河朔建城？"

主父偃点点头说："河南之地肥沃富饶，物产丰富，外有黄河天险，故秦大将蒙恬当年修筑城池以驱逐匈奴，派兵屯田据守，对内节省了粮草辎重和运输成本，对外又扩大了汉朝疆域，这是消灭匈奴的根本大计。臣建议在河朔设郡筑城。"

武帝环视众臣，问道："众卿认为这个建议如何？"

大臣们却纷纷摇头，都说不好。卫青则表示赞同："故秦大将蒙恬的做法确实值得借鉴，筑城不仅可展示天子之威，也可激励将士奋勇杀敌，多建功业。"

得到卫青的支持，武帝马上拍板决定："好！于河套设郡筑城，甚合朕意。朔方，我大汉今日新增一郡，就命名为朔方郡。"

堂上众臣齐呼："陛下圣明，陛下功业千秋！"

武帝对修建宫殿、林苑一向很有兴趣，如今要新建一城，他既喜又忧。喜自不必说，忧的是修城耗资巨大，从哪里能筹到钱？又派何人担此重任？他问众臣："修城乃军国大事，何人可担当筑城重任？"

卫青心中已有人选，见皇上问起，抢先出列奏道："陛下，臣推荐平陵侯苏建。朔方是边境之城,要直接面对匈奴大单于本部的军事压力,非文武兼备的将军不能胜任。平陵侯经河南一战,不仅立下战功,而且对河套地区的地势地貌有了初步了解,知道如何筑城更有利于对抗匈奴。臣与平陵侯共事多年,深知其才;平陵侯又曾任上林令,深知建造方面的知识。另外,筑城之事牵扯到钱粮土木、人力畜力,所用之人须心思缜密、思维敏捷,凡事考虑周详,而平陵侯正是能够面面俱到之人。"

武帝微微点头,说道:"长平侯说得极好!传诏,命平陵侯苏建为将军,征调兵卒民夫十万,前往河朔建造朔方城。同时修复故秦蒙恬将军所建全部关卡要塞,以黄河之水为屏障,屯军开田,驻守河套地区。"

第二天,苏建前往卫青府中拜谢,他知道自己被赐封为平陵侯完全是因为卫青打了胜仗,他对自己立了多大功劳心中有数;又因为卫青推荐他去修建朔方城,皇上给他加授了将军头衔,更让他对卫青心生感激。卫青却说:"倒是我应该感谢在疆场上奋勇拼杀的将士们,是他们成就了我。你刚洗去征尘,又挑起了建城重担,这个将军你当之无愧。"

苏建说:"属下明日便要启程,不知将军还有何吩咐?"

卫青点点头,说道:"苏将军此去,必是困难重重。只望苏将军像打仗一样,勇往直前,决不退缩。"

苏建拱手道:"属下已三次随将军北征,将军之风骨,属下耳濡目染,自当仿效。大汉男儿,绝不遇难而退!"

武帝大张旗鼓要修建新城,朝野为之震动。朝廷的诏令一出,各路能人纷纷前来,苏建很快就招募到了十万之众,前往河朔。苏建离开这天,卫青亲自将他送至长安城外。

朝廷为这些移民提供了丰厚的迁居费用,然而,十万之众仅每日开支就令朝廷难以承受。卫青便以太中大夫的身份,调集关中各大粮仓的粮食,通过黄河水道辗转北运至河朔。由于黄河上游水道非常复杂,运输费用高昂,武帝无奈,只得下诏从崤山以东各郡县抽调民夫,通过陆路运送粮食。一时间各地怨声载道,小规模的暴乱时有发生。但这丝毫没有动摇武帝的决心。为了筹钱,另一项重大工程——移民茂陵邑,也在紧锣密鼓地进行。武帝根据主父偃的建议,诏令迁徙各郡国贵族大臣、外戚公侯、豪商巨贾,凡财产超过三百万钱的富户都到茂陵定居。

尽管筹集钱粮出了一些乱子,但朔方筑城逐渐步入正轨。

第七章 官拜大将

第一节 坚拒美色诱惑

卫青这次出征取胜被封为长平侯,自然不忘入宫与姐姐卫子夫分享这份荣耀和喜悦。卫子夫是一个很低调的人,看见弟弟升迁太快,作为姐姐的她心里总感觉不踏实。她深知身在高位之人如果不知收敛,那是要吃大亏的。因此,她告诫卫青要踏实做事,不骄不躁,忠心为主,用自己的真心去为皇上分忧。

卫青拜见卫子夫之后从后宫出来,恰巧遇上被一群侍女簇拥而来的平阳公主。他急趋数步向前,正要向平阳公主施半跪之礼,平阳公主却抓住他的手:"卫将军不必多礼。"这很随意的肢体轻触竟让卫青浑身为之一颤。卫青抬眼看去,见平阳公主身着大红色黑条纹的深衣,梳着流行的高髻,插着几根木簪,打扮虽不奢华,却仪态雍容。

平阳公主拉着卫青走向宫内一处亭阁。卫青有些犹豫，平阳公主守寡快五年了，他担心传出流言蜚语。但她曾是自己的主子，他又不好拒绝。

二人在阁下站定，平阳公主目不转睛地看着卫青，眼前这个男人英武而坚毅。"将军可还认得本宫？"她轻声问道。

卫青点点头道："自然是认得。"

"分别十数载，就算认得又如何，最美好的时光也与你错过了。"平阳公主有几分感慨和悲戚，唇角扬起，却似笑非笑。自从平阳侯曹寿病逝后，她时而会想起曾经这个忠厚又体贴的小骑奴，心里荡起阵阵涟漪。"你如今已娶妻生子，就把我这个故旧忘了吗？"

"公主对于卫青恩同再造，卫青每日每时不敢忘怀。"卫青目光灼灼地说。

"每日每时？未必是真。本宫却是日日关注你的消息，常常想，难道你与本宫之间就只有恩吗？"平阳公主呼气如兰，语带幽怨。

卫青一时不知如何作答，只得沉默不语。

"我今日来探视病重的母后，她交代说，让我在她闭眼之前再嫁。"平阳公主不再称"本宫"，声音也略带苦涩。

卫青哪里听不出平阳公主的弦外之音，忙道："我朝流行改嫁，这是件好事。"

"你知道我要改嫁的是何人吗？是那个风流浪子夏侯颇。"平阳公主说完，叹息一声。

"夏侯颇是开国功臣夏侯婴之后，贵为汝阴侯。"卫青也知道夏侯颇无才无德，但他毕竟是侯爵。

"你是不是觉得，我一个寡妇能再嫁侯爷已经是高攀了？如今你也是侯爷，那敢不敢娶我这个寡妇？你曾说过要守护我一生，这个承诺还算不算数？"平阳公主的三连问显然隐含了对这门婚事的不满。

卫青被平阳公主咄咄逼人的气势吓住了，连声道："臣仆不敢，不敢！"

"是不愿意，还是不敢？"平阳公主两眼直视卫青，"你一个威风凛凛的将军，可用三千精骑直捣龙城，可率军千里迂回，横扫河朔，却不敢对我这个小女子动情？"

卫青连忙解释道："臣仆本是低贱之人，对公主只有仰视，不敢有丝毫非分之想。"

"想我当初嫁与平阳侯，也只是因为他有个继袭而来的侯爷爵位而已。如今你也成为长平侯了，还真是造化弄人啊。"平阳公主再次长叹。

卫青动情地说："臣仆能有今日，全蒙公主关照。臣仆日夜感念，即使侍奉公主终生也难报大恩。公主千金之身属意臣仆，臣仆荣幸之至，感激涕零。只是臣仆已有结发糟糠之妻，结下生死之盟，至死不可负她；膝下还有三子，也该尽为父之责。"

平阳公主的眼眶有些泛红："卫将军有情有义，可惜我福薄，不能入室侍奉。"

卫青闻言，愣了半晌才坚定地说道："臣仆不敢！"

第七章 官拜大将

两人就此匆匆作别。一个月后一个飘雪的日子，汝阴侯夏侯颇迎娶了平阳公主。

约五个月后，也就是元朔三年（前126年）六月庚午日，武帝的生母王太后病逝于长乐宫。

武帝不提倡"守孝三年"的儒礼，守孝期间常去上林苑观看兵士训练。卫青也一直在上林苑指挥训练。骑兵部队发展很快，不包括北军三大营的骑兵，仅上林苑就训练出了四万多骑兵。以三千精骑为基础的建章营骑以及从精骑中挑选出来的八百羽林骑已具雏形，只不过他们的主要任务依然是野外征战，打击匈奴。

这天，卫青与岸头侯张次公一起骑马走到安门(南三门之一)附近时，迎面驶来一辆驷马豪车，从车厢一侧涂染的颜色来看，是某王爷的车驾。不过，长安城里这样的豪华马车十分常见，卫青早已见怪不怪，没有太在意。

张次公一边看着那辆马车，一边对卫青说："这是哪家显贵，坐这样的驷马豪车？将军打仗都不能用上两匹马，这不是很不公平吗？"

卫青笑着说："你见哪个将军是同时骑两匹马打仗的？"

张次公一时语塞。他们说话间，那驷马豪车已来到跟前并且停了下来。"大将军，请留步！"车里传来一阵清脆悦耳的声音，接着，一个妙龄女子掀开车厢帘子，下车款款走来。只见她肤色白皙，秀眉纤长，身穿一件浅紫色紫藤印花薄深衣，宽云纹银丝束腰，一头黑亮的长发结在肩后，显得楚楚动人。

女子径直走到卫青身前，盈盈欠身，行了一个礼。一个简单的动作，却有着万种风情。卫青不用多看也知道这女子是谁，她就是淮南王刘安之女、长安城鼎鼎有名的交际花刘陵。

淮南王刘安是高祖刘邦之孙、文帝刘恒的兄弟刘长之子，也是武帝的堂叔父。刘安生有二子一女：长子刘不害，次子刘迁，女儿就是刘陵。刘陵不仅长得美丽动人，而且聪明伶俐，从小学习琴棋书画，口才很好，能言善辩，深得刘安的喜爱和倚重。据《史记·淮南衡山列传》记载："淮南王有女陵，慧，有口辩。"

那么，刘陵不好好地待在淮南国，跑来长安干什么呢？

原来，刘安门客众多，势力越来越大，政治野心也开始膨胀起来。

当年刘安之父刘长策动谋反被文帝流放蜀郡，在途中绝食而死。于是，刘安的门客就经常拿此事来刺激他。建元六年（前135年），天上出现了彗星，有人又煽动刘安说："以前吴国起兵时，彗星出现仅长数尺，而兵战仍然血流千里。现在彗星长至满天，天下兵战应当大兴。"这让一向信奉天命的刘安起了谋反之心。

然而淮南距离长安甚远，消息不够灵通。为了更好地掌握朝廷的动向，刘安决定派遣密使到长安去交结朝臣，收集相关情报，但又一时找不到可靠之人。

当时，朝廷为了防备藩王与朝中大臣结成联盟而威胁皇权，规定藩王无故不得入京，即使藩王的儿子入京也会引起注意。刘安思来想去，想到了女儿刘陵。

作为武帝的堂妹，刘陵既是刘氏宗室，又是女流之辈，因此可以随意出入宫闱，打探消息。而且一个柔弱女子，常常让人掉以轻心，放松警惕。刘安认为，女儿的美貌和智慧也许可以成为自己获取政治情报的一把利剑。

于是，刘安交给刘陵不少钱财，让她到长安设法结交朝中重臣，尤其是武帝身边的心腹，以便刺探朝中内情。刘陵很爽快地接下了这个任务。从这里也可以看出，刘陵是一个有野心的女人，与父亲有着相同的志向。

很快，长安城便出现了一位美丽又多金的女子，游走于权贵豪门之间。因为刘陵身份尊贵并且貌美如花，在钱与色的双重诱惑下，不少朝中大臣成了刘陵的裙下之臣。

岸头侯张次公便是其中之一。张次公掌管的北军是汉朝的警备部队，因为驻守在长安城北而得名。试想，一个诸侯想要造反，除了具备打到长安的实力外，更需要具备控制长安的武力，这样才能万无一失。

为了实现父亲当皇帝的梦想，刘陵发挥自己的交际特长，努力打探朝廷内部的人事变动、长安城的防御部署以及边关的军事调动等，将朝廷中的各类信息源源不断地送到刘安那里。刘安身为汉室宗亲，也很没有原则，居然将这些情报提供给匈奴，企图借助匈奴的力量来达成自己的皇帝梦。

不过，对刘安来说，朝廷中还有一个他很忌惮的人，那就是大将军卫青。有一次，他问中郎伍被："崤山之东若有兵战，朝廷必派大将军统兵镇压。您认为大将军是怎样的人？"

伍被说："我的好友黄义曾经跟随大将军攻打匈奴。他回来后告诉我,大将军对待士大夫有礼貌,对将士有恩德,大家都很乐意为他效劳。大将军骑马上下山冈,疾驶如飞,才能出众过人。我认为他武艺这般高强,又通晓军事,屡次率兵出征,恐怕不易对抗。"

不久,谒者曹梁出使长安归来,也说:"大将军号令严明,对敌作战勇敢无比,经常身先士卒。安营扎寨时,若井未凿通,等到士兵们都喝上了水,他才肯喝。军队出征归来,士兵们全部渡河以后,他才过河。皇太后赏赐的钱财丝帛,他都拿来奖赏手下的军官。即使古代名将也比不过他啊。"

刘安听后默然无语,更下定了决心拉拢卫青。于是,刘陵很快就收到了父亲的指示。这以后,她想方设法寻找与卫青碰面的机会。这次能够在安门遇见卫青,正是张次公提前向她透露了卫青的行程。

卫青虽然已位居长平侯,但对皇室始终保持着谦恭的态度,毕竟谨慎一点总是好的。所以,刘陵行礼后,他忙拱手回礼:"翁主多礼了!"

"是小女子冒昧了,还请大将军恕罪!"刘陵说着,发出一阵银铃般的笑声。

"如果翁主没有什么事,卫青就此别过。"卫青的声音短促有力,沉厚中带着一丝冷冽。

"大将军何必如此匆忙呢?"刘陵浅笑嫣然,主动靠近卫青一些,"小女子难得与将军一见,今日遇见也是有缘,想请二位将军赏脸到舍下小酌几杯。"

"我们今日还有差事在身，多有不便。再说，又怎好意思去翁主府上叨扰？"

刘陵压低声音，故作神秘道："大将军与小女子非亲非故，不过舍下却有一个大将军牵挂的故交，难道大将军不想去会她一会吗？"

"故交？"卫青有些摸不着头脑，一脸疑惑地看着刘陵。

"想必大将军是猜不出来了，"刘陵也不卖关子，直接给出答案，"她就是平阳公主的贴身侍女如玉。"

卫青听到这个名字，心头猛然一颤："如玉当真在翁主府上？"

"当真！大将军若真心牵挂这位故人，就随小女子走一趟吧。"刘陵何等聪明，早已看出了卫青的神色变化。

卫青以前在平阳公主府上为骑奴时，与如玉亲如兄妹，也密如情侣，只是碍于身份才不敢越雷池半步。离开平阳公主府后，他日夜思念着如玉，后来他要娶妻成家，曾让人到平阳公主府上提亲。听说平阳公主也是答应了的，可后来不知什么原因，平阳公主并没有把如玉嫁给他。再后来干脆连如玉的消息也打听不到了。

卫青心里一直惦记着如玉，如今听到如玉的消息，他十分激动，当即和张次公一起前往刘陵的别院。

刘陵在城南有两处别院，据说有一栋是前丞相田蚡为她建的，装饰得非常奢华。卫青一走进别院便感受到了这一点，亭台楼阁点缀于绿荫掩映的庭院中，别有一番意趣。但他心中牵挂着如玉，无心观赏。

刘陵热情地将两位客人引进客厅，又盼咐家仆上茶。卫青顾不上喝茶，着急地问道："翁主，如玉在哪里？"

"大将军，难道你见到我这个淮南翁主就没有什么好说的，一心只想着见如玉吗？"刘陵一脸幽怨，语气中带着轻微的嗔怪。

"今日来此，只为见如玉一面。"卫青显然不吃刘陵那一套。

"看大将军如此急不可待，不请如玉出来一见怕是不行了。"刘陵见卫青如此不解风情，只得让一个侍女去传如玉过来。

不一会儿，一个二十多岁的纤弱女子款款走来。只见她身形窈窕清瘦，黑发如墨有光，一双柳叶含情目似蒙上了氤氲的水雾。卫青马上认出这个女子正是如玉，正要开口，如玉侧身盈盈一拜："如玉见过大将军！"

卫青站起身来，正想跟如玉单独说几句话，刘陵却吩咐如玉说："你快去厨房里帮忙备好酒菜，再来陪两位侯爷喝一杯。"

"翁主您太客气了。"一直没有说话的张次公突然开口道。

卫青瞟了张次公一眼，岸头侯素好酒色，该不会一见面就想留在人家府上吃喝吧？

刘陵见卫青脸上似有不快之色，忙解释道："如玉最近正在学习厨艺，她以后就在这里做厨娘。大将军若想见她，随时可来舍下。"

卫青重又坐下，说道："翁主让我来府上，恐怕不单纯是为了让我见见故友吧，有什么事不妨直言。"

刘陵粉面含笑道："大将军一向自律慎独、深居简出，若不是用故友的名号，恐怕阿陵还请不动大将军呢。"

刘陵说的也是实话，她在卫青身上可没少下功夫，先是通过皇后卫子夫探听到卫青与如玉的私交，又通过张次公打听到卫青的行踪。

卫青为人一向光明磊落，听了刘陵的话，他坦然端坐，问道："翁主大费周章，想必是有重要之事吧？"

"其实也没什么事，阿陵只是仰慕大将军乃当今盖世英雄，又是皇上的宠臣，想与大将军结交而已。自古英雄爱美女，美女也爱英雄啊，这不是人之常情吗？"刘陵杏眼一转，柳眉一挑，神态十分妩媚。

卫青却不为所动，淡淡地说："翁主早已名扬长安，何须在我这样的泛泛之辈身上枉费心思呢？"

"大将军过谦了！"刘陵眼含秋波，直视卫青的眼睛，"不仅阿陵对将军仰慕已久，就连我父王也对将军赞誉有加。现在我父王广求贤才，甚至想过奏请皇上，让大将军到淮南国去担任国相，只是担心大将军不愿屈就。"

卫青也曾听说淮南王刘安有爱才之名，且朝廷派重臣去郡国担任要职也是常有之事，刘陵这样说并无不妥。他想了想，说道："淮南王贵为王爷，还是个儒雅之士，王府中人才济济。卫青不过是一介武夫，哪里入得了王爷的法眼？卫青还是有自知之明的。"卫青话说得委婉，态度却很坚决，暗示刘陵不要打他的主意。

刘陵虽然为人处世八面玲珑，但听了这话也不免有些尴尬，幸好酒菜上来了，她忙招呼卫青和张次公入席喝酒："来，两位侯爷，干一杯！"

卫青也顺势举起了酒杯，比起谈论那些敏感的话题，还是喝酒更好一些。

酒过三巡,如玉也来敬了一杯酒,但卫青仍然没有机会与她单独说话。他知道刘陵今日是醉翁之意不在酒,想要借此机会拉拢自己。他可不想卷入政治斗争的旋涡,此地不宜久留,所以任凭刘陵极力挽留,他还是以不胜酒力为由告辞回府了。

刘陵没有达成目的,心里有些羞恼,但也无可奈何,只得暂时作罢。

对于刘陵情报工作的成效,史书中没有太多的记载,不过从刘安后来的表现来看,效果应该不是很好,因为刘安对朝局变化的反应显然不够及时。

第二节 暴风雨前的平静

大汉这边一片祥和,练兵在卫青的主导下有条不紊地进行着。此时,匈奴方面对失去河朔地区仍耿耿于怀。这是他们遭受的第一次重大挫折,损失了数万平方公里的牧场及数十万头牲畜,经济遭受严重打击。匈奴右贤王一心想把河朔这块宝地重新夺回去。

元朔三年(前126年),在军臣单于的支持下,匈奴右贤王连续两次出兵报河朔之地丢失之仇,但都被汉军打败。

这一年军臣单于已病入膏肓,其弟左谷蠡王伊稚斜把持单于王庭。右贤王与左谷蠡王、左谷蠡王与左贤王之间明争暗斗,矛盾重重，频繁的内斗使匈奴无力向大汉实施报复计划。

伊稚斜觊觎王位已久，为了削弱太子左贤王于单的兵权，他收买了军臣单于的内侍兼谋臣中行说[①]，设计把于单主力派往东部的右北平、渔阳、上谷一带袭扰汉军，企图借汉军来削弱左贤王于单的实力。作为太子，左贤王于单之前是负责护卫王庭安全的，对汉军将领只知道两个人的名字，一个是飞将军李广，一个是捣毁龙城的卫青。李广仍驻守右北平，于单轻易不敢去惹他，于是挥师杀向渔阳、上谷、代郡。元朔三年（前126年）夏，数万骑兵攻代郡，杀太守共友，掳掠千余人。

渔阳、上谷北边界屡遭劫难，人畜差不多都要被匈奴人杀光了。然而或许是因为服丧期间不想大动干戈，武帝颁令把边民向内迁移到相对安全的城镇，甚至放弃了汉匈之间犬牙交错的偏远县城造阳，然后向各重镇增派了戍边将卒。于单见在汉朝边境占不到什么便宜，只得撤兵。

入冬，一场大雪将漠北装扮成一个粉妆玉砌的世界，病入膏肓的军臣单于也在这场大雪中去世。左贤王于单听闻噩耗，既悲痛又焦急。眼下他距离单于王庭几百里路程，冰天雪地，积雪数尺，一两天肯定回不去。作为太子，紧要关头却不在王庭，这意味着他很可能失去王位继承权，这怎能不令他心急如焚呢？

为了尽快赶回去，于单丢下大部人马，仅带千余亲兵日夜兼程。可他赶到王庭时，迎接他的却是左谷蠡王伊稚斜的上万兵马。

---

① 中行说：西汉文帝时人，原为宦者，因不满作为汉匈和亲的随员而对汉朝怀恨在心，转而投靠匈奴，成为匈奴单于的重要谋臣。

伊稚斜派人给他送来了"最后通牒"：要么臣服，要么开战。于单义愤填膺，面对这个阴狠毒辣的叔父，毫不犹豫地选择了开战。

但是，伊稚斜早有准备，以万余人马将于单的千余亲兵包围，双方的大部人马则在距王庭近百里的地方对峙。于单的亲兵不敌，拼死杀出重围逃走。伊稚斜没有追杀于单，因为左部（东部）是他的领地，长期经营根基牢固；至于大单于中部（本部），只要利用军臣单于的宠臣大都尉阿咀木，就可控制属于于单统领的本部人马；同时派出一部人马，隔断于单与右部（西部）右贤王的联系，于单就是想逃也只能向南逃，而那是汉朝的边疆。所以，他对于单那千余人马根本没放在心上，从容不迫地夺取了王位，成为匈奴大单于。

元朔四年（前125年）春，一封加急边报呈送到武帝手中：匈奴太子左贤王于单兵至云中郡城下，声称要投靠汉朝。武帝既惊且疑，立刻召集几个大臣商议此事。

公孙弘说："匈奴人在河套吃了大亏，数次伺机报复而未得逞，怎么会突然想到来投靠？其中定然有诈。"

卫青不认同公孙弘的看法，分析道："从最近渔阳、上谷的边报来看，统兵扰边的将领是太子于单。而军臣单于久病，绝无可能把太子派出去，显然是王庭有人想借助汉军之手削弱于单的兵力。由此可以推断，匈奴王庭出现了分裂，太子于单多半是被人算计了，不得不来投汉。"

武帝此时还不知道军臣单于已死而伊稚斜夺取了王位，但他觉得卫青言之有理，决定做两手准备：如果于单是真心来投汉，就接受；如果他是诈降，就将计就计，将他及其部众消灭干净。

随后，卫青奉命率几千精骑火速赶往云中。他从云中守将口中得知，太子于单是被他叔父算计了，所以来投降汉军。

实际情况与卫青的推断基本一致，但他仍不敢掉以轻心，马上派数十名斥候，分别从东、北、西三面向前探查二百里，均没有发现敌情，这才接受于单投诚并一路护送他到长安。

大汉自立国以来，第一次接受匈奴王室成员投诚，武帝心中充满了自豪感，封于单为涉安侯。然而，于单担心伊稚斜单于不会放过自己，整日忧心忡忡，加之汉都长安与匈奴草原的生活习惯迥异，他水土不服，不久就病逝了。

伊稚斜成为匈奴大单于，必会对汉朝边境继续进行疯狂报复。武帝与众臣商议对策，大家普遍认为，匈奴新旧王权交替之初，必然是内政重于征战，伊稚斜需要时间清理他的反对者，在边境上暂时不会有太大的动作。卫青也持类似看法，但他最后提醒说："平静只是暂时的，匈奴必定会有更疯狂的报复行动，我们还须做好与匈奴殊死相搏的准备，广储钱粮，完善军备，时刻准备出征。"

除了要抵御匈奴的外部侵扰，还要防止内部诸侯王势力过大。为此，武帝想方设法，但一些重大举措遭遇了很大阻力。比如，中大夫主父偃建议推行的"推恩令"①自实施以来就受到了

---

① 推恩令：汉武帝为了巩固中央集权而颁布的一项重要政令。规定诸侯王死后，除嫡长子继承王位外，其他子弟也可分割王国的一部分土地成为列侯，由郡守统辖。根据这项政令，诸侯国被越分越小，汉武帝再乘机削弱其势力。

各诸侯王的排斥,他们继而对倡议者主父偃十分痛恨。但因有武帝的强力支持,主父偃得以采取霹雳手段落实"推恩令",对有抗拒言行的诸侯毫不留情。

主父偃在任齐国国相时,利用齐王刘次昌与其姐姐私通的事来震慑刘次昌,把刘次昌吓得畏罪自杀。主父偃还惩处了燕王刘定国。刘定国也是个荒唐的王爷,他看中了父王刘嘉的姬妾,跟她私通生下了一个儿子。不仅如此,刘定国还以强硬的手段夺取弟媳为姬妾。更荒唐的是,他还霸占了自己的三个女儿。在燕国,刘定国可以说是一手遮天。燕国肥如县令郢人得罪了刘定国,刘定国想要惩罚郢人。郢人被逼无奈,打算向朝廷揭发刘定国的罪状,结果被刘定国杀人灭口。但刘定国的罪状还是被郢人之弟告发到主父偃那里。主父偃认为,"定国禽兽行,乱人伦,逆天,当诛"。①武帝依此下诏令刘定国自杀,同时将燕国裁削掉。

齐王刘次昌、燕王刘定国死后,一时间皇亲贵戚人人自危,争相讨好主父偃,先后向他行贿数千金。主父偃肆无忌惮,来者不拒,全都笑纳了。

主父偃的幕僚为此十分担心,劝谏说:"大人如此倒行逆施,蛮横不讲情面,必会得罪很多人,难道就不怕日后遭到报复吗?且又贪腐享乐,就不怕皇上追究吗?"

主父偃自嘲道:"我结发游学四十余载,未能实现自己的志向。父母不把我当儿子看,兄弟们不肯收留我,宾客抛弃我,受

---

① 出自《史记·荆燕世家》。

尽了世人的白眼和嘲弄。而今终遂凌云之志，此生已足够了。大丈夫不得五鼎食，死又何惧五鼎烹呢？皇上因为我的计策彻底消除了诸侯的隐患，为天下开万年太平之先河。我已经到了晚年，不乘此机会享乐一下，我这一生不是白活了吗？"

赵王刘彭祖担心自己也像刘次昌那样被主父偃逼死，于是联络一些诸侯王向武帝告发主父偃假借"推恩令"之名公报私仇，逼死齐王，并大肆收受贿赂。武帝非常愤怒，下令逮捕主父偃，下狱治罪。但他还是不忍心杀掉这个很会捞钱的有功之臣。

卫青也替主父偃求情说："主父偃对国家、对征伐匈奴还是有不少功劳的，虽然他贪财好利，罪不容诛，但其才可用。眼下正是要大量筹措粮草军饷的时候，陛下能否让他戴罪立功？"

就在这时，左内史公孙弘觐见，他进谏说："齐王自杀，无后代可继承，其领地划归朝廷，齐国也就不复存在了。如此灭人一国的恶事，祸首正是主父偃。陛下如果不杀他，实在无法堵住天下悠悠众口，无法安抚刘氏宗亲之心，一旦他们借此生乱，那就有大麻烦了。"

武帝也怕皇室宗亲生乱，只能心一狠，牙一咬，做出了最后的决定："诛族！"

主父偃落马后，负责督办粮草的人就只有张汤了。丞相薛泽处事谨慎保守，毫无作为，武帝根本不想让他插手军中事务。恰巧御史大夫张欧因年老多病而被免职，武帝便把已经七十四岁高龄的老臣公孙弘任命为御史大夫，除了本职工作外，还要他和张汤一起督办粮草。

与主父偃的贪腐享乐相反，公孙弘则是出了名的节俭。他多次公开说："人主的毛病，一般在于气量不够宏大；而人臣的毛病，一般在于生活不够节俭。"于是，他在家中身体力行，"夜寝为布被"，"食一肉脱粟之饭"。在朝廷议事，他常提出要点，陈明情况，供皇帝自己取舍，从不固执己见和违逆圣意。武帝非常喜欢他这种驯良守礼之德，不在乎他已年逾花甲，让他的仕途一路顺畅。

公孙弘一味顺从武帝的意思行事，矫饰善变，见风使舵。汲黯对他很是不满，在廷议上公开指责他说："齐地之人大多欺诈而不说真话！刚开始与我等一起提出这个建议，现在却完全违背之前的说法，为人不忠诚！"武帝问公孙弘此事真假。公孙弘却侧面回答说："了解臣为人的人认为臣忠诚，不了解臣为人的人认为臣不忠诚。"武帝赞同公孙弘的说法。这以后，即使身边的宠臣诋毁公孙弘，武帝仍一如既往地厚待公孙弘。

公孙弘负责筹措钱粮军饷后，主父偃提出的"初算商车"①、均输平准等措施仍在实施，并且使卖官鬻爵合法化。新招数则是收回铸币大权，筹划币制改革，以及准备正式实行盐铁官营。

卫青对公孙弘的才智谋略虽持怀疑态度，但对他的处世之道倒有几分欣赏。他还从主父偃身上体会到一个真理：自古伴君如伴虎，无论多么受宠，都不可恃宠而骄，得意忘形。为君者的心

---

① 初算商车：对商人所拥有的车辆征税。

思最难揣度,卫青从此愈加谨言慎行,对朝中同僚礼敬有加。无论是面对高贵的士大夫还是普通士卒,他都一样彬彬有礼、和蔼可亲。正因为如此,卫青在朝堂和军中的威信也与日俱增。

这天,武帝正与卫青等人商议给三千精骑每人配备两匹战马的事情,突有内侍来报:"特使张骞大人从西域回来了。"

武帝闻报猛地站起身,激动地说:"张骞回来了!"又对卫青说,"卫爱卿,你随朕到宣室殿,听听张爱卿带回来什么好消息。"

张骞仔细讲述了去往乌孙、大宛、大月氏、大夏等国的经历见闻,以及往返途中经历的种种磨难。张骞去时被匈奴扣留十年,趁着匈奴人不备,他才带着自己的匈奴族妻子和堂邑父逃回长安。武帝听后非常激动,当即下诏封张骞为博望侯,赏赐两千金。

张骞归国时精心绘制了一张通往西域的地图,卫青一见如获至宝,立即向武帝讨要过来,亲手"复制"了一份,以备征战之用。

第三节 积极备战

大约半年之后,匈奴伊稚斜单于肃清了军臣单于的残余势力,并重新整编了左贤王于单的人马,坐稳了大单于宝座。为了立威,也为了报仇,元朔四年(前125年)初秋的一天,伊稚斜集合本部和左部的部众,进行战斗动员:

"我匈奴王国控弦骑射之士数十万，纵横草原大漠，威名远播。然而在先王的时代，却惧于汉军李广等人的勇猛和诡计，屡屡损兵折将。更令人气愤的是，前几年被一个名叫卫青的汉军小卒打得惨败，不仅龙城被毁，连河南宝地也丢失了，这是王国近百年来蒙受的最大耻辱！而今，我伊稚斜成为'撑犁孤涂单于'，有责任带领你们向汉人报仇雪耻。勇士们，你们愿意随本单于越过长城去报仇吗？"

伊稚斜振臂一呼，其部众齐声高呼："报仇雪耻，乌特拉！乌特拉！"

随后，伊稚斜将主力人马一分为三，每部各有三万余骑，分别进袭雁门、代郡、定襄，杀死抢掠汉朝百姓上千人。

同时，右贤王也以汉军攻略其河套地区为由，集结右部兵马十余万（号称二十万）侵袭汉朝新城朔方。

一连几天，武帝每天都会接到几十份边报。这些来自边关重镇的敌情报告都强调了同样一个事实：匈奴数十万人马来势汹汹，志在破关，奏请朝廷火速增兵，派送粮草军备。

由于近几年看过的紧急边报很多，武帝也变得淡定从容了。一方面因为他心理日渐成熟，更能承受得住压力；另一方面因为汉军如今兵多将广，粮草充足，装备也越来越精良，针对匈奴的大举侵扰，不用考虑打不打的问题，而是考虑怎样打才能获得更大的胜利。他把程不识、李沮、卫青、李蔡等人召入建章宫前殿，商议如何对匈奴进行更有效的还击。

程不识作为一名与匈奴有过几次交手的老将，建议集中优势兵力，预先在一地隐藏起来，待匈奴来袭便可迅速出击，围而歼之。

众将都认为程不识所言有理，这比起匈奴袭扰哪里就增援哪里要有效得多。关键在于如何才能预知匈奴人往哪里进兵。大家讨论之后，都觉得此法难度很大。

卫青一直很沉默，最后才说："我们无法预知匈奴会袭扰何处，但可以探知匈奴各部主力经常集结的地方。与其等他们打上门来，不如我们主动打上他们的门去。我军精骑已经具备很强的战斗力，远途奔袭也不成问题。一旦我们在匈奴后方开战，他们将自顾不暇，哪里还有精力袭扰我边地？"

武帝点头表示赞同。他想了想又问道："那卫爱卿以为攻袭匈奴哪一部较为可行？"

卫青不疾不徐地分析道："匈奴左部活动于东北部，经常对右北平至上谷一线进行袭扰，现今左贤王于单的旧部人马多数并入大单于本部，实力最弱，即使出兵袭扰，规模也不会很大。而右北平又有李广驻守，因此左部的威胁不大。

"大单于本部兵力最强，在汉边界的正北，对我中原构成直接威胁，但雁门、定襄关险城坚，匈奴要想破关深入我腹地，必将付出惨重的代价。刚刚登上王位的伊稚斜虽然建功心切，但绝对不会做亏本买卖。此次伊稚斜出动三路人马袭扰雁门、代郡、定襄三地，只有左大都尉的三万余人马使代郡损失惨重，代郡都尉朱英也被杀。但匈奴左大都尉不敢深入腹地，怕被关门打狗。因此，我们只需向雁门、代郡、定襄稍稍增兵固守，便足以抵挡伊稚斜本部人马的攻势。

"再看匈奴右部，他们虽丢了河套地区，但右贤王仍有重兵驻守在阴山之北，而匈奴的休屠王、浑邪王仍盘踞陇西，他们不仅想夺回河套地区，而且在筹划攻入大汉心脏。臣以为，主动攻击右贤王乃当务之急。"

卫青的见解让在场的将领们都十分佩服。武帝更是直接夸赞道："说得好，卫爱卿所言甚合朕意！"他心中已经有了反击匈奴的全盘计划。

卫青等人随武帝从建章宫出来，迎面碰上了太中大夫东方朔，他的身边还跟着一个少年。东方朔向武帝施礼后，呈上一封奏疏，说道："听说陛下马上要发兵攻打匈奴，霍去病就争着要求参战。"

霍去病也不管礼数，直接走向卫青，说道："舅舅，我想求您一件事。"

卫青抬手摸了摸霍去病的脑袋，问道："什么事啊？"他知道这孩子向来风风火火，典型的孩子王性格，今天突然变得这么乖巧，想来所求的不是小事。

"我要加入骑兵出征。"霍去病回答得干脆利落。

卫青也看出霍去病天生就是个将才，迟早有一天会走上这一条路。可他毕竟年纪还小且个性张扬，平日里除了自己根本没人能管得住他，还是让他去上林苑训练营地先学学规矩为好。于是他对霍去病说："你年纪还小，虽然跟着公孙敖学了不少本领，但还不符合上阵杀敌的要求。你现在的首要任务是加入军营参加正规训练,好好读读兵书。"

霍去病知道舅舅的性格,话一出口就绝无更改的可能,又听说要他读兵书,顿时浑身没劲,只得硬着头皮找武帝说情。

武帝平时也拿这个表侄没辙,今日他心情好,听了霍去病的请求,便说:"你陪朕一起出去转转!听说你很有两下子,今天我可要好好见识一下!"

霍去病高兴地从一个侍从手中接过马缰,一纵身便上了马。"皇上,您就先看看小子的马术吧!"说完,他一只手按在马背上,竟将全身倒立起来,马在飞跑,他却如蜻蜓一般稳稳倒立。

"好!好!"武帝拍手叫起好来。

接着,霍去病又表演了多种难度很大的动作,武帝看了连连夸赞。

霍去病下马后,一脸得意地等着皇上准允他参战,没想到武帝却说:"依我朝规定,男子未满十五岁不得加入行伍服役,未满十七岁不得上阵杀敌。不是朕不准允你参战,我们都得守规矩。"

有没有这样的规矩不重要,武帝就是不想让霍去病出征,不想让匈奴人以为大汉没人了,连小娃都派上战场。继而,他又安慰霍去病说:"朕加封你为侍中,你就先待在朕身边吧。"

霍去病无奈,只得接受了这一任命。

第二天,武帝在未央宫前殿点将出征,任命卫尉苏建为游击将军、左内史李沮为强弩将军、太仆公孙贺为骑将军、代相李蔡为轻车将军,均隶属车骑将军卫青,共率三万精骑,向朔方出兵。

另外，大行令李息、岸头侯张次公各率精骑五千，从右北平出兵，作为疑兵从侧后伺机袭击匈奴左部和本部。

御史大夫公孙弘、廷尉张汤及侍中桑弘羊负责钱粮军需调度事宜。

武帝最后说："朕此次一共出动十余万兵马，望你们同心协力、奋勇作战，朕对杀敌有功者将给予重赏。朕等着你们凯旋！"

第四节　高阙奇袭之战

元朔五年（前124年）春，卫青统领三万精骑向朔方新城进发，数日后，大军进抵高阙附近。卫青令大军就地扎营，养精蓄锐，同时派出二十名斥候，分为五组，向西北、正北和东北三个方向侦察敌情。

尽管卫青的三万人马行动较为隐秘，但是匈奴右贤王还是察觉到了汉军的异动，也派出数十个探子潜入阴山之南，探查汉军的动向。因距离较近，右贤王的探子很快回去报告说，汉军十万多（虚报）人马已在河套地区集结，无法判断是增援朔方城还是出关北袭。

右贤王与旗下的右谷蠡王、休屠王、浑邪王及几名大都尉商议对策，右谷蠡王说："汉军定然是来增援的。即使他们想要北进与我们决战，我们的兵马有二十万之多，占绝对优势，正好乘机灭掉这支汉军,一举夺回失地。"

其他人也纷纷附和。右贤王早有与伊稚斜单于分庭抗礼的野心,如果这次能成功夺回河套地区,他的势力必然猛增,但如果失败,他就会永远被伊稚斜单于踩在脚下,屈辱臣服。

右贤王正犹豫不决之际,又有探子来报说汉军正就地备战,而且汉军统帅就是那个夺取河套地区的卫青。在匈奴人心目中,卫青已成为神话般的人物。右贤王自知不敌卫青的精骑,即使勉强与之一战,那也是两败俱伤,代价太大了。于是,右贤王下令暂避汉军锋芒,退到远离阴山数百里的大漠深处,随后又派出更多探子,探寻汉军的踪迹。

右贤王撤退后,卫青派出的三路斥候陆续返回。往正北的斥候入沙漠二百里后,不知进路而返;往东北方向的斥候发现伊稚斜单于的大军主力仍在云中、雁门一带寻找战机,因为李息、张次公在渔阳、右北平大造声势,伊稚斜准备随时东援;往西探查的斥候则与撤退的右贤王擦肩而过,但匈奴人要退至何处,不得而知。

卫青立即把李沮叫来问道:"李将军,你是云中郡人,可知从高阙往西北去,最近的城邑是哪里?"

李沮想了一下,回道:"此去千里,至浚稽山,皆是茫茫荒漠,不知有没有城邑。"

卫青沉吟半晌,向几位将军下达了作战命令:"匈奴右贤王已率二十万大军往西北逃入荒漠深处,他们人多,行军必定缓慢,我们悄悄跟上去,打他个措手不及!现命李沮将军为先锋,率一万人马即刻启程；其余人随本将军前进，各军只许带三天干粮，下定誓死的决心，若追不上右贤王，我等就将埋尸骨于荒漠。"

当天晚上，卫青率汉军主力从阴山缺口进入茫茫大漠。

右贤王那边，他的探子一连数日都没有发现汉军的踪影。右贤王不免得意起来，在这茫茫戈壁荒原，汉军要找到他们没有那么容易，且这里距离汉朝边界有七八百里之远，汉军不可能追赶上来。然而，右贤王想错了，卫青的三万精骑正在荒漠狂奔，离他越来越近。

第二天夜晚，一轮明月高挂空中，清澈如水的光辉洒在荒漠大地。大营帐里，右贤王正拥着美妾，畅饮美酒，已有八九分醉意。在宽大的营帐中央，一袭红色异域服装的舞姬舞姿婀娜，引得将官们根本无心享用佳肴。

就在这个时候，卫青的三万精骑迅速围了上来。右贤王正想再讲几句笑话来助助酒兴，忽听帐外杀声震天，顿时惊慌失措。右谷蠡王则努力保持镇定，说道："诸位，汉军袭营，立刻去辖制麾下的兵马，不要让他们出现混乱。"

众人匆匆地走了出去。右谷蠡王又对着身边的侍卫长吩咐道："去召集我麾下人马，立刻集结待命。"他这是做了两手准备，打得赢就打，打不赢就逃。

这时，传来一阵山呼海啸般的吼声，汉军发起了冲锋。

匈奴骑兵点燃火把，前赴后继，视死如归地冲向汉军。然而，火把使他们成为汉军的靶子，他们接连跌落马下，空气中的血腥气越来越浓烈。

右贤王见败局已定，忙把美妾抱上马，带着几百壮骑，突出重围，向北逃去。在冲天的号角声中，公孙贺率领一支精骑对右贤王及其残兵败将进行追击。与其说是追击，不如说是驱赶，因为右贤王根本没有勇气交战。公孙贺追赶百余里，没有追上。

圆月西沉，一轮红日从东方跃出，荒原又归于平静。卫青伫立在已被烧毁的右贤王大帐前，一阵和风吹过，他头盔上的红缨随风摇摆。朝阳似血，卫青不禁感慨战场是何等惨烈。

汉军清理战场，统计出的战果令人震惊：俘获右贤王的小王十多人，男女民众一万五千余人，牲畜数百万头，几乎将右贤王部一锅端了。这是汉匈战争史上匈奴第一次在大兵团作战中全军溃败。卫青的天才统帅才能在此役中发挥得淋漓尽致。

汉军大获全胜，高奏凯歌，收兵回朝。武帝接到战报，喜出望外，派特使捧着印信和大将军的官印，在边塞迎接大军，任命车骑将军卫青为大将军，节制诸将，位在丞相之上。

武帝还在城郊迎接凯旋大军，对有功将士一一封赏。

武帝说："大将军亲自率领军队，出师大捷，俘获匈奴诸王十多人，加封六千户。"又封卫青的长子卫伉为宜春侯，次子卫不疑为阴安侯，三子卫登为发干侯。

卫青诚惶诚恐，坚决推辞道："臣侥幸能在军队中当官，依赖陛下圣明，才使军队取得大捷，同时也靠各位校尉奋勇战斗。陛下已经加封于臣，臣的儿子们年龄还小，没有立下任何功劳，陛下降恩划地封他们三人为侯，他们三人怎敢接受封赏呢！"

武帝说："朕并没有忘记各位校尉的功劳，对有功的将士，朕会逐一封赏。"

护军都尉公孙敖三次随从卫青出击匈奴，经常接应各军，率领一队人马俘获匈奴诸王，封合骑侯，食邑一千五百户。

都尉韩说跟随卫青从窳浑塞出兵，一直进攻到匈奴右贤王的王庭，在卫青的指挥下英勇奋战，俘获匈奴王，封龙额侯，食邑一千三百户。

骑将军公孙贺跟随卫青俘获匈奴诸王，封南窌侯，食邑一千三百户。

轻车将军李蔡两次随从卫青俘获匈奴诸王，封乐安侯，食邑一千六百户。

校尉李朔、赵不虞、公孙戎奴，都三次随从卫青俘获匈奴诸王，分别封涉轵侯、随成侯、从平侯，食邑各一千三百户。

将军李沮、李息和校尉豆如意皆有功劳，封关内侯，食邑各三百户。

翌日早朝，武帝又宣布任命卫青为大司马，处理太尉事务；公孙弘为丞相，赐封平津侯。

这两项任命一宣布，朝堂一片哗然。主爵都尉汲黯对卫青的几个儿子被封侯没有说什么，却对公孙弘升官封侯意见很大。他当堂对武帝说："陛下，先皇高祖曾杀白马宣誓，非刘氏不能为王，非军功不能封侯。公孙弘既不是皇室宗亲，又无半点军功，却得以封侯拜相，本朝自开国以来无此先例啊，陛下此举恐有不妥。"

武帝呵呵一笑道:"既然无此先例,那朕就开这个先河!从今往后,凡担任丞相一职者,皆可封侯。"

武帝此番说辞使朝堂安静下来,但卫青心里起了波澜。他想,皇上给自己的几个儿子封侯,到底是接受好,还是不接受好呢?他很纠结,退朝后便去找姐姐卫子夫,请她指点迷津。

卫子夫听了卫青的讲述,微微一笑,意味深长地说:"皇上执意这么做,自然有他的用意,你又何必拂了圣意呢?君心不可测,顺从就好。"

卫青听了卫子夫的话,意识到:为君者可以任性,为臣者却不可,恭谨顺从才是为臣之道。

这天,武帝把卫青单独召到宣室殿,一脸严肃地说:"朕心里有句话一直想问你,朕这么厚待你们卫家,连你同母异父的兄长卫长君都加封了官职,且我们又是姻亲,但仲卿你跟朕却若即若离,保持距离。你能告诉朕,是什么让你如此谨慎、小心翼翼?是朕残酷少恩、喜怒无常,还是生性多疑、不信任臣子?请你直言回答,朕今天传你来,就是想听你说句真心话。"

卫青心中忐忑,回道:"陛下,微臣自入宫以来,无时无刻不感受到陛下的信任呵护,而今偶立寸功,即封为万户侯。微臣每时每日,诚惶诚恐,思考着如何报答皇恩,不敢不惜福。而臣出身卑贱,德薄才寡,人人都认为臣是靠了皇后才有今天的荣耀和权势。这虽是市井传言,但臣心里明白,臣的一切都是陛下给予的。因此,臣在宫中、在朝廷,必须小心翼翼,如履薄冰,才能不使皇上为难。如果因此而让陛下误会,臣罪当诛!"

武帝闻言有些动容,坦言相告:"朕之所以重用你,不是因为皇后,而是看重你有统帅之才,能够帮助朕建立不世功业。"

卫青躬身一拜:"微臣幸得陛下知遇,愿鞠躬尽瘁,万死不辞!"

卫青如此明事理、知进退,武帝内心自然十分欢喜,此后更加信任和重用卫青。

第八章 新星崛起

第一节 霍去病首战封侯

卫青这次夜袭右贤王大营，不仅使匈奴右部势力遭受沉重打击，也令伊稚斜单于脸上无光。他本来急于建功立威，口口声声说要深入汉朝腹地，兵临长安，结果反而被汉军打上门来，这使他恼羞成怒，开始了更为疯狂的报复。

面对即将到来的大规模战争，武帝召集文武官员共商对策。他说："匈奴连续几次受到打击，想必不会忍气吞声、善罢甘休，我军要做好打大仗的准备。众卿探讨一下我军哪些方面有待加强。"

大臣们议论纷纷，各抒己见。有人说，汉军最大的短板是马匹不足，不能适应远途作战的需要；有人说，一些将领对敌情的分析判断不够正确，临机决断能力较差，战术不够灵活；还有人说，远程作战军需补给困难，战斗力大受限制。

这时，侍中霍去病提出不同意见说："臣以为，完全不必担忧军需补给困难。匈奴人的草原一马平川，没有城池阻挡，更没有山隘险关可设伏，只要我军骑兵和马匹足够强壮，便可长驱直入。至于后勤补给，草原上到处是牛羊，打到哪里就取食于哪里，这不是一举两得嘛。"

武帝听了十分高兴："说得好，你这以战养战的法子可是能帮朕解决大麻烦。"武帝说着看了卫青一眼，见他一直没说话，便点名道："卫爱卿，你是汉军统帅，又是大司马，管着一国军事事务，熟悉南北两军各营军情，说说你的想法吧。"

卫青出列说道："臣以为，汉军几次巧胜的原因并不在于战术有多精妙，而是因为匈奴人整体配合协调作战能力不够强。他们在狩猎中训练，在实战中提高，但没有章法。汉军同样存在不善配合协调的问题。我军骑兵虽已接近五万人规模，但良莠不齐；步兵十几万之众，却很少与骑兵进行配合训练；车兵越来越少，更不善于车阵作战。因此，臣建议，无论南军、北军，也无论步兵、车兵、骑兵，都轮流派出去与匈奴作战，在实战中进行演练。臣奏请陛下，将参战经验丰富的将领调配到各营担任屯长及部曲军侯，按统一标准训练军士，以提高我军的整体素质和作战能力。"

武帝说道："好！朕为了训练出一支战无不胜、攻无不克的军队，不计成本，费尽心思，就是希望能在实战中取得辉煌战果。一切军事事务，就请大司马代劳了。"

与此同时,匈奴伊稚斜单于也在紧锣密鼓地调兵遣将,准备从代郡、雁门、定襄、上郡几地进行突破,侵入大汉腹地。

元朔六年(前123年)春,武帝在点将台做战斗部署:"距上一次漠南之战虽不足三月,但匈奴更加疯狂地劫掠汉境,贼寇首领伊稚斜单于亲率大军南下。朕承上天民意,令大将军卫青统兵十万北伐匈奴。命合骑侯公孙敖为中将军、太仆公孙贺为左将军、翕侯赵信为前将军、卫尉苏建为右将军、郎中令李广为后将军、左内史李沮为强弩将军,分掌六路人马,出兵定襄。"

卫青拔剑高举,喊道:"不破匈奴,誓不还朝!"宝剑在阳光的照射下闪烁着寒光。

"不破匈奴,誓不还朝!"台下众将士齐呼。

武帝刚点将完毕,霍去病匆匆赶来,强烈要求随同出征。他说:"破匈奴是我此生的梦想。若等大将军把匈奴全都灭了,我的梦想岂不是要落空了?"

看着面前这位身材挺拔、目光坚毅的少年,武帝心中感慨良多:"去病,你真的志在破匈奴?"

霍去病重重地点头,双眼闪动着兴奋的光芒。

武帝说:"好,你敢与大将军比试一场吗?胜了,朕就派你为先锋。"

霍去病大声道:"敢!"

武帝笑道:"敢就行!朕就如你所愿,命你为剽姚校尉,领兵八百,随大军出征。"

霍去病得令后,立即到上林苑大校场挑选了八百轻骑兵。他自己则是重骑兵打扮，头戴铁盔，身穿明光战甲，除了骑兵专配的弓箭和环首刀外，还持一把特制长槊。

数日后，卫青随前军进抵大汉关塞定襄。此时红日已经西斜，卫青站在定襄城头远望：东边，广阔的大草原间有几道明亮的银线——山顶雪水汇流而成的小河蜿蜒曲折，清新的浅草一片连着一片，各色野花在其间若隐若现……卫青闭上眼，有那么一瞬间，他希望自己是那天上自由翱翔的雄鹰，凌空俯瞰大草原，马上便知敌人在哪里……

当天晚上，所有队伍都按预定时间到达集结地。卫青传令包括霍去病在内的各军将领在大将军营帐召开战前会议，决定一路向北，寻找战机，遇弱敌则战，遇强敌则与邻军相合，共同对敌。

翌日，汉军六路人马向北齐头并进，三天后与伊稚斜单于的南下主力约五万人马相遇。因为敌情不明，双方都不敢主动发起冲锋，只做一些简单的试探。伊稚斜单于估计汉军有数万之众，自己在兵力上不占优势，便带领部众迅速撤退了。

卫青也不下令追击，他不知伊稚斜集结了多少人马，不敢冒进；又因粮草供应不上，无法深入大漠追击，只好率领大军返回定襄、云中、雁门休整，以逸待劳，待敌再战。

但一直等了数月，伊稚斜的人马始终没有出动。卫青认为不能再等下去了，决定再次向北出击。在深入草原数百里之后，卫青扎下大营，派几位将军同时出击寻找匈奴主力决战，他自己则镇守大营接应各路人马。

第八章 新星崛起

漠南的气候变幻莫测，忽而狂风骤起，天昏地暗，让人无法辨别方向；忽而又天气晴朗，风和日丽。这天，风不停地吹着营地帐篷，军旗被吹得哗啦啦作响。卫青心里感到莫名不安，他对霍去病说："各路大军都没有消息传来，你带上一队人马，去活捉几个匈奴士兵回来。"

霍去病领命，随即带上八百轻骑向草原深处而去。

这支八百人的轻骑朝西北方向疾驰，战马踏起的尘土被风扬起，又飘散在大漠上空。

"校尉，我们这是要去哪里？"一个部下问道。

"我们对敌情一无所知，如遇强攻怎么办？"又一个部下问道。

霍去病说："如遇敌人，攻下便是。"

大漠忽又风起，漫天的黄沙夹裹着砾石扑面而来。霍去病下令找坡地扎营躲避风暴。他躺在狭小的单人帐篷里，一边嚼干馍一边思索。此次随舅舅卫青出征是他几次请战才得到皇上特许的，舅舅一再叮嘱，不许他擅自行动，可是战场上形势瞬息万变，必须根据形势及时改变策略。一个多时辰后，风暴渐息，霍去病命八百轻骑上马，加速北进。

此时在大将军营帐，卫青越来越焦急，这是他与匈奴数次交战以来第一次感到如此焦急。又过了一天，派出的几路人马陆续返回。中将军公孙敖未寻找到匈奴人，左将军公孙贺斩杀了大约两千名匈奴兵，后将军李广掳杀了几百个匈奴兵，强弩将军李沮擒杀了大约三千匈奴人。

又过了两天，前将军赵信、右将军苏建始终音讯全无，卫青担心他们兵少势孤，遇到匈奴大军必定吃亏，急忙调遣几路人马前去接应。去抓俘虏的霍去病也不知去向，卫青对这个没有作战经验的外甥很是担忧。

卫青正忧虑间，猛见一人踉跄奔入帐中，长跪于地，涕泣请罪。他仔细看了看这个满脸血污之人，辨认出正是右将军苏建，连忙开口问道："将军何故这般狼狈？"

苏建泣泪答道："末将与赵信分率部众深入敌境，恰巧与匈奴单于伊稚斜遭遇，经过一天多的交战，我军伤亡惨重。末将只得与赵信合兵，以三千人继续与敌鏖战。但匈奴敌兵太多，我们被敌军包围了，末将正想与赵信商议突围，没想到匈奴单于伊稚斜得知赵信是匈奴人，便派人劝他投降。赵信开始不答应，伊稚斜就许以重用引诱他。赵信见突围无望，又经不住诱惑，竟生叛心，带了八九百人投降匈奴。末将只得带剩余人马力战突围，又战死千余人。突围出来后，又被敌兵追击，我部全军覆没，仅剩末将几人，幸亏大将军派人前来救应，才得以狼狈返回。末将自知该死，故来请罪！"

如何处置苏建成为摆在卫青面前的难题，他把众将召集起来商量。

议郎周霸说："自大将军出师以来，还未斩过一位部将。如今苏建全军覆没，应当斩首，以示大将军之威。"

军正闳则说："周议郎此言不妥，苏建以寡敌众，虽赵信投降匈奴，但他仍拼死力战归来，其忠心可悯，不宜责罚太过！"

周霸坚持说:"苏建损兵折将,丧师归来,如按军正所说可悯而免其责罚,那以后如何让我军将士拼死力战呢?"

长史也不同意周霸的看法:"这次苏建以数千人马抵挡匈奴单于数万人,奋战了一天多,将士伤亡殆尽,但全都是战死,且苏建没有二心,独自返回。如果将其斩首,以后战败的将领便不敢返回,所以不应杀苏建。"

卫青听了暗自点头。苏建虽然丧师,但其忠勇之行可嘉,平心而论,卫青并不想按律处斩苏建。他见周霸还要再争,便摆摆手,眼神锐利地看向众人,语气却仍然十分温和地说:"我有幸借助皇帝的威名领军,不怕没有权威,周议郎劝我杀苏建来显示权威,不符合臣子的本分。况且,即使我有处决将领的权限,我作为深受皇上信任的大臣,也不能擅自诛杀大将于国境之外,而应当上报皇上,由皇上亲自裁决,以显示做人臣的不敢擅自专权,不也很好吗?"

众将一致同意。于是,卫青下令把苏建装入囚车,派人押回长安交武帝处置。

处置完苏建的事情,卫青眉头紧锁,在大帐内踱步,一边焦急地等待霍去病的消息,一边思考下一步的行动:合兵一路,难以发现敌人;分兵出击,遇强敌又战而不胜。而今赵信又投降匈奴,他熟悉汉军的兵力部署、将帅特点、部队装备、粮草补给等情况,这使汉军更加被动。看来必须改变战略,卫青再次召集各路将军前来商议。

众将还未坐定,卫青便说:"这一仗是打是撤,打该怎么打,撤该如何撤,诸位尽快拿出意见来。"

李广率先发言:"我的意见是撤军!以我对皇上用兵的了解,他一贯反对杀敌一千,自损八百的打法。为将者不仅要考虑如何打胜仗,还要考虑如何保全将士的性命。大汉与匈奴的战争不可能一战定胜负,眼下保存实力才是最要紧的。赵信降敌后急于立功,必然会给伊稚斜出谋划策,他非常熟悉我们的战略部署,我们若继续进攻,必然处于劣势。"

公孙敖说:"我看未必。伊稚斜现在手里能参战的兵马充其量不过五万,且前几次的失败让他知道了大将军的厉害,他暂时是不会冒险进行反攻的。我们趁他还未集结更多人马之前,果断出击,也不是不可以。"

公孙贺说:"赵信为人狂傲,心理承受力却很差,用兵也十分谨慎。这次他应该是立功心切才冒险被围,投降也是出于无奈。我认为他缓过神来之前,不会鼓动伊稚斜马上反击。"

卫青本意是想打,毕竟机会摆在这里,汉军以十万人马攻打不善于防御作战的匈奴骑兵,胜算还是很大的。但其中有一个不确定的因素,就是无法预料伊稚斜的援兵何时赶来。一旦敌人兵力超过汉军,即使能打赢,也必是惨胜。这是他和武帝都不愿意看到的。卫青反复权衡利弊后,决定听从李广的意见——撤军。

就在大军准备撤营的时候,前哨来报:"剽姚校尉回来了,听说还打了大胜仗。"卫青闻报惊喜交加,忙传霍去病来见。

不大一会儿,霍去病一手握着长槊,一手提着一个人头进入大帐,兴奋地对卫青说:"禀报大将军,末将给你带礼物回来了。"说着,他把人头往地上一扔,向卫青详细报告了杀敌经过和战果。

大军回师后,武帝重赏了霍去病,说:"剽姚校尉霍去病斩杀及俘获匈奴两千余人,生擒匈奴的相国、当户等重臣,杀死匈奴单于祖父辈的籍若侯产①,活捉单于叔父罗姑比,战功冠于全军,赐封冠军侯,赏赐食邑一千六百户。上谷郡太守郝贤四次跟随大将军出征,斩杀、擒获匈奴两千余人,封众利侯。"

这次出征,霍去病率领八百轻骑,离开大部队数百里寻找战机,最终以较小的代价取得了可喜的战绩,为这一战惨胜增添了一抹亮色。

而卫青则因为右将军苏建兵败、翕侯赵信投降匈奴,所以食邑没有增加,只得到千金赏赐。苏建被押解到长安后,武帝从宽处罚,令他交纳赎金后贬其为平民。

第二节 大将军赠金

卫青此次出征归来,没有前几次那么风光。如果不是骤然升起的新星冠军侯也是大将军门下,还不知有多少人会怀疑大将军已经失宠!

不过,这些并没有影响到卫青,他一如既往地低调,从不居

---

① 籍若侯产:籍若侯(也作藉若侯)为封号,名产。

功自傲,也不拉帮结派。他还把大部分的赏赐分给了部下。

六月的一天,卫青和霍去病从朝堂回来,便在廊下树荫里乘凉,随意聊着军中事务。

霍去病自幼在卫府长大,潜意识里认为卫府便是自己的家,且和舅舅卫青关系融洽,所以他虽然已经封侯可以开府,但他并不急于自立,起居一如既往,没有离开之意。

舅母徐氏让仆人送上切好的瓜果。卫青平素不喜甜食,对这果子却尤为喜爱。故而武帝便命宫中内府,只要宫中有进贡此果,便挑上好的送至将军府。

这时,卫府的门客宁乘走过来,悄声对卫青说有秘事相告。霍去病见宁乘一副神秘兮兮的样子,还把自己当外人,觉得有些好笑。

宁乘来卫府好几年了。之前武帝有意求仙,征召方士,宁乘入都待诏,却始终不得觐见,最后资用乏绝,衣履不全。一日他踯躅都门,卫青恰巧办完公事回家,见他这副潦倒的样子,心生怜悯,便把他带回府,留着他在府上干点杂活。实际上宁乘连门客都算不上,因为门客一般都有些本事,而宁乘总是显得有些木讷,平素又沉默寡言。管家卫平还曾经暗示卫青:这宁乘没什么本事,这样养着没什么道理,还不如叫他离开。

卫青却觉得养着一个老实巴交的人总比养一个精明狡猾的人要好。如今这个老实巴交的人却说有秘事相谈,卫青有些好奇,便叫他一起进了里屋。

宁乘进屋后,开门见山地说:"大将军今有万户食邑,三个儿子都被封侯，可谓位极人臣，一时无两了。但物极必反，高且益危，大将军危险了，将军可知？"

卫青道："不知，请先生明说！"

宁乘瞪大眼睛，一脸神秘地说："大将军此次得胜回来，天子不赏，将军知道其中缘由吗？"

卫青一怔，口中佯说："不知！"

"大将军得此尊荣，并非全靠战功，主要是因为卫皇后的缘故。"宁乘说完两眼盯着卫青，看他作何反应。

卫青面色如常，静静地看着宁乘，示意他继续说下去。

霍去病在外室将他们的对话听得一清二楚，心中不免气恼。

宁乘继续分析道："确实如此！大将军一身功名，本来皆出自皇后，若皇后固宠，将军无虞。如今王夫人得幸有子，皇后宠衰，故而大将军得不到赏封！不仅如此，以后恐怕连陛下的信任也会渐渐失去！"

卫青没想到这个平时寡言少语的人竟如此善言，回答道："我平日也曾这样考虑过，依你看，我该怎么做呢？"

宁乘以为说中了卫青所虑，得意地说："大将军切莫担忧，宁乘有一计，可保大将军地位无虞！"

卫青已明白，这宁乘是以为自己失宠，借此机会献计讨好来了，但他淡淡地说："何计？"

宁乘滔滔不绝地说："皇后原本平安无虑，可如今王夫人受宠，皇后渐渐被冷落了。不过，这王夫人毕竟只是一介卑微宫女，其宗族家人还没有得到富贵。在下听闻不久之后就是王夫人母亲的生日,大将军不如赠千金给王夫人的母亲祝寿。王夫人必然感念大将军的好处,皇后、大将军多一个内援,也多一重保障,此后可无虑了。"

卫青沉吟片刻,礼貌地谢道:"幸承先生指教,自当遵行。"

宁乘还想再说下去,霍去病在外室大声对一个家仆吩咐道:"来人,请宁先生下去!"

卫青见霍去病不耐烦了,便领着宁乘从里屋走出来,说道:"今日多谢先生,请先生下去休息,以后还有请教之处,望先生不吝赐教!"

宁乘走后,霍去病气愤地对卫青说:"舅舅,这家伙胡言乱语,该打出去才是,为何还对他如此礼遇?"

"你听清他的话了?你以为他是胡言乱语?"卫青反问道。

霍去病怒道:"这个不长眼睛的家伙,竟然敢说我们卫家的功劳都是因为皇后。"

卫青淡淡地说:"这样说的人何止他一个?这是世俗之人的正常想法。后宫有了个王夫人,人们就以为皇后失宠了;军中有了你冠军侯,大家就以为大将军失宠了。其实,皇上多宠远比独宠要好得多。"

霍去病忙道:"舅舅……"

卫青摆手止住他的话:"事实上,你没有抢舅舅的风头,反而为舅舅增添了荣耀。此次北征,若不是你立下大功,舅舅只怕连那一千金的赏赐也得不到。"

霍去病问:"那舅舅打算怎么做?"

卫青无奈地笑道:"这一千金,一半作王母寿礼,一半作将士抚恤。"

卫府管家知道此事后惊讶不已。卫青历来不喜交际,平素来往人情都十分勉强,不过塞责而已。如今却给不相识的王夫人母亲贺寿,去讨好王夫人,真是怪事!

五百金是很大一笔钱,王夫人的母亲收到这五百金就像捧着块烫手山芋似的,不知大将军送来这么一笔钱是何用意,忙派人进宫告诉王夫人。王夫人将此事转告武帝后,武帝脱口而出:"仲卿不会这样做,一定是有人教他这样的!"

第二天晚上,武帝把卫青叫到隐阁,恼怒地问道:"仲卿你说,是谁教你这样做的?"

卫青吃了一惊,连忙问道:"陛下,什么谁教的?"

武帝气哼哼地说:"别假装不知道!你与王家非亲非故,为何要送五百金?"

卫青见武帝似乎真怒了,只得将宁乘的话复述了一遍,然后又连连赔笑:"陛下!臣知道错了,臣真知道错了!"

"我看你是不知道!"武帝嘴上这样说,心里则在思忖:王夫人家居赵地,出身平民之家,在宫中无权无势,只是以婢子身份受宠,生下一子刘闳后才晋封为夫人,却偏偏让皇后卫子夫、大将军卫青都要去巴结讨好,实在匪夷所思。不过,他也没有过多纠结这件事,对于卫青此次之举,他是持赞同态度的。

卫青韬光养晦,不仅体现出他低调做人的智慧和高度敏锐的政治觉悟，也给霍去病这个新贵树立了典范。

霍去病和卫青一样，从来不曾沉溺于富贵荣华，总是将国家安危和建功立业放在首位。武帝想为霍去病修建一座豪华的府邸，霍去病却断然拒绝，说："陛下，匈奴未灭，无以家为。"

武帝被霍去病的言行所感动，对他更加重用。后来，霍去病任骠骑将军出征，顺道到了平阳，知道了自己生父之事，便命下属将霍仲孺请到自己休息的旅舍，跪拜说："去病早先不知道自己是大人之子。"

霍仲孺从未尽过一天人父之责，愧不敢应，匍匐叩头说："老臣能够把生命寄托在将军身上，这是上天的力量啊。"随后，霍去病为霍仲孺置办田宅奴婢，并在领军归来后将同父异母的弟弟霍光带到了长安。

第三节　淮南王的野心

定襄之战后，大汉看似形势向好，实际上外有强敌入侵，内有诸侯国蠢蠢欲动，可以说是外患未平，内忧又起。这个内忧源起于淮南王刘安的野心。

淮南王刘安的如意算盘打得很好，他的女儿刘陵在长安也确实付出了很大努力并且取得了一定的成效，可惜刘陵遇到的是对大汉和武帝忠心耿耿、毫无二心的卫青；而刘安面对的帝王也不是昏庸无能之辈，而是那个可以和秦始皇比肩的汉武大帝。

不管做什么事情，如果不能知己知彼，危机终有一天会到来。刘安终究因为治家不严，导致谋反事泄，皇帝梦碎。

元朔五年(前124年)，武帝颁下诏书，让有志参军的人到长安应征，以攻打匈奴。淮南国的郎中雷被因为得罪了太子刘迁，想去参军，刘迁却在刘安面前说雷被的坏话，结果雷被被刘安斥责一顿后免去了官职。

刘安的本意是杀鸡给猴看，以儆效尤，不料雷被逃出淮南国来到长安，给武帝上书述说了自己的遭遇。武帝便将此事交给廷尉张汤处理。

因为此事涉及淮南王刘安，大臣们都认为应当将刘安逮捕治罪。武帝派中尉段宏到淮南国找刘安谈话。太子刘迁声称，如果朝廷派来的使者要将刘安治罪，就立即杀了使者，然后举兵造反。但段宏与刘安见面时神色平和，刘安便没有杀他。

段宏回京后奏称："刘安不准有志之士报名入伍抵抗匈奴，是犯了不行圣令的大罪，应斩首示众。"但武帝不忍心这样做，最后下诏削减了淮南国的两个县。刘安视此为奇耻大辱，加紧了谋反的准备工作。

当时，刘安与衡山王刘赐有过节，刘赐听说刘安想要造反，担心被刘安吞并，于是也网罗宾客，置备武器，打算在刘安西进攻打长安以后，发兵攻下并占领长江、淮河之间的地区。刘赐命令江都人枚赫、陈喜生产战车和利箭，并刻天子印玺及将军、官吏的印信。同年秋季，刘赐准备入朝觐见武帝，路过淮南国时，刘安热情接待了他，与他称兄道弟，两人消除前嫌，约定共同起兵反叛。

随后，刘安天天察看地图，部署进兵路线，又与中郎伍被商议行动方案。伍被劝说道："大王怎么能说这种大逆不道的话呢？我好像已经看到王宫中长满荆棘，露水打湿衣服的凄惨景象了！"

刘安听了勃然大怒，下令将伍被的父母逮捕关了起来。三个月后，刘安又把伍被叫来问话。伍被依然没有改变看法，直言道：

"当初秦朝无道，穷奢极侈，十分之六七的百姓都希望天下大乱，高祖最终在行伍中崛起成为天子，因为抓住了时机，趁秦朝土崩瓦解的机会举兵。如今大王只看到高祖得天下容易，却看不到前不久吴、楚的下场吗？

"吴王刘濞拥有四个郡的封地，国富民强，计划周密，然而大梁一战而败，只得向东逃亡，身死祀绝，这是为什么呢？是因为他违逆天道，不识时势。

"现在大王的兵力还不到吴、楚的十分之一，而且天下安宁，形势比吴、楚兴兵时好一万倍。如果大王不听从我的劝告，马上就会看到您失去王位，接到赐死的命令，并先于群臣死在东宫的惨景了。"

刘安听了，内心开始摇摆。他谋划多年，一直没有真正付诸实施，如果就此罢手，倒也可以平安无事。偏偏这个时候他的儿孙们又节外生枝。

刘安的长子刘不害是庶出，刘安不喜欢他，太子刘迁也不将他视为兄长。刘不害有个儿子叫刘建，才高气盛，一直对太子刘迁心怀不满，于是暗中派人告发刘迁曾企图杀害朝廷派来的中尉。武帝让廷尉去处理这件事。

刘安知道后十分害怕，又想要举兵谋反。他再次征询伍被的意见，问道："先生认为当初吴王兴兵，是对还是不对呢？"

伍被肯定地说："当然不对！听说吴王后来十分后悔，希望大王不要像吴王那样后悔。"

刘安说："吴王哪里懂得什么叫造反！当初朝廷的将领一天中经过成皋的有四十多人，如今我截断成皋通道，占据三川之险要，再征召崤山以东的兵马。以这样的条件举事，左吴、赵贤、朱骄如等都认为有九成把握，只有你认为不能兴兵，这是为什么？"

伍被说："如果大王一定要造反的话，我有一计。当今老百姓对朝廷没有怨气，诸侯对朝廷也没有二心，大王可以伪造丞相、御史的奏章，奏请朝廷将各郡、国的豪杰和富户迁徙到朔方郡，大量征发士兵守边，再伪造诏狱书，逮捕各封国的太子和宠臣。如此一来，必然百姓怨恨，诸侯恐惧，到时再派能说会道的人到各地去游说，或许有十分之一的希望！"

刘安说："这个主意倒是不错，不过我觉得用不着这么麻烦。"

随后，刘安伪造了皇帝印玺，给国相、御史大夫、将军、军吏、中二千石及周围各郡太守、都尉的印信，以及朝廷使者的信节，又准备让人假装在淮南国犯罪而西逃长安，投到大将军卫青门下，一旦发兵便立即刺杀卫青。

刘安还对门客们说:"朝廷大臣中,只有汲黯好直谏,严守臣节,难以糊弄;至于游说丞相公孙弘之流,就如同去掉物件上的覆盖物或摇掉树枝上的枯叶一样容易。"

刘安想要调动国中的军队,又怕国相和两千石官员不从,便打算先杀掉国相和两千石官员,并派人手持告急文书而来,高喊"南越军队攻入我国",然后以此为借口起兵。

风雨欲来,长安未央宫宣室殿的气氛一片肃穆。武帝收到有关淮南王刘安欲谋反的密报后,秘密召见了卫青、霍去病、桑弘羊、张汤等大臣商议对策。

武帝坐在矮榻上,脸色阴沉地说:"淮南王已和多路诸侯结成联盟,还勾结匈奴人,打算起兵造反。诸位爱卿可有什么对策?"

卫青等人听了并不感到惊讶,因为淮南王有反骨早已是路人皆知的事情,只是没有直接证据,更没有料到他会与匈奴勾结。

张汤上前禀道:"陛下,淮南王和衡山王乃一母同胞的亲兄弟,他们的联盟怕是牢不可破。为今之计,只能从其他几位诸侯王身上下手,杀鸡儆猴!"

汲黯听了却反对说:"常言道,擒贼先擒王,淮南王刘安是祸首,不抓他而去抓其他人有何意义呢?"

武帝看了一眼张汤,示意他继续说下去。张汤说:"臣认为,太皇太后虽已离世,可威信犹在,各路诸侯以前大多是太皇太后的心腹。若能派个太皇太后当年的心腹去劝谏衡山王,就算无法劝服他倒戈对付淮南王,也能让他打消进攻长安的念头。"

武帝说:"就算其他几路诸侯愿意退兵,也依旧内有淮南王的联军枕戈待旦,外有匈奴大军虎视眈眈,以我大汉现有的兵力,想要两头兼顾也颇为困难!"

"陛下,臣倒是有一计!"一直沉默的卫青突然开口道。

武帝忙问:"爱卿有何妙计?"

"我们可以打着平定南越的幌子出兵,故意让淮南王安插在京城的探子知晓,然后暗中派一支精骑悄悄捉拿淮南王及其党羽。这样一来,其麾下兵马定然不会再为他卖命了。"

武帝点头道:"好,就依两位之言,一文一武,双管齐下。"

随后,武帝派出一文一武两队人马赶到淮南。刘安连忙号令起兵对抗,结果却没有几人响应。

伍被见形势不妙,当即找到廷尉,告发刘安图谋反叛之事。廷尉马上派人逮捕了太子、王后,包围了王宫,搜捕与刘安一道谋反的宾客,取得了谋反的证据,奏报朝廷。武帝派宗正持皇帝符节去淮南处理刘安谋逆案。

元狩元年(前122年),武帝下令以"阴结宾客,拊循百姓,为叛逆事"等罪名捉拿刘安,刘安在王宫内服毒自杀。所有参与谋反的人,除雷被以外,一律灭族。

此案牵连甚广,岸头侯张次公也因为"与淮南王女奸,及受财物罪",被废除侯爵。

刘陵作为谋逆案中的一个重要角色,结局自然好不了。她被捕入狱后,听到父亲已经死去,绝望地吞金自尽,结束了自己年轻的生命。

纵观刘陵短暂的一生,她是出身高贵的皇室宗亲,本可以享受一辈子的荣华富贵,过上安稳的生活,却为了实现父亲的政治野心而出卖自己的才华与美貌,成为权力的牺牲品,真是可悲可叹!

第四节 剑指河西

淮南王谋逆事件顺利平息了,此时匈奴方面还算平静,但也一直虎视眈眈,随时想要进犯中原。自赵信兵败投降,匈奴伊稚斜单于因其在汉军营中待的时间长,熟知汉军部署,深为倚重他,封他为自次王,并把自己的姐姐嫁给他。赵信建议伊稚斜单于越过沙漠,迁居北方,不要靠近边塞,引诱汉兵深入,乘其疲困击之,必能取胜。于是,伊稚斜单于改变硬碰硬的战法,重新采取以前来去如风的抢掠方式,并将人畜远徙至漠北,不再与汉军过多纠缠。

元狩二年(前121年)春季的一天,武帝正与丞相李蔡等人讨论铸行新币之事,太中大夫进殿奏禀道:"陛下,边关传来急报,匈奴入代郡、定襄、上郡,杀掠数千人,疾驰而返。待我军赶至,匈奴已不见踪影,大军只得无功而返。"

武帝神色变得凝重起来,他沉默良久,才对小黄门说道:"传各将军入宫议事。"

案桌前,武帝面寒如冰,被召来议事的众将见状,都噤若寒蝉。最后，老将军李广打破沉默，率先开口道："陛下，依老臣所见，我大汉若论兵力绝不逊色于匈奴。近日，匈奴大军接连攻破我朝两道城关，不过是仗着知晓了我朝边关的布防才攻其不备，所以现在最重要的就是迅速调整边关的兵力部署。"

公孙敖说："老将军所言恐有不妥。调整边关的兵力部署那也是被动防守。兵家言，最好的防御是进攻。既然我军已具备主动进攻的实力，为什么还要把重点放在防御上呢？"

武帝扫视众人一眼，说道："合骑侯说得对，进攻是最好的防御。但进攻哪里？又如何进攻呢？"

张骞见众人遇到难题，建议说："匈奴新破月氏，臣认为我们可西结月氏，夹击匈奴。"

武帝一听，面色转暖："好，就打向河西。"他一锤定音，任命霍去病为骠骑将军，领兵一万出陇西郡，去河西征讨匈奴。

五天后，霍去病带领万余人马一路飞驰，经金城，渡黄河，进入河西匈奴领地。河西曾是月氏的故土，南有祁连山，北有龙首山，焉支山立于其间。当祁连山冰雪消融时，涓涓流水汇聚而成的大河缓缓流过。月氏被匈奴击败后，河西成为浑邪王、休屠王的地盘。

霍去病渡黄河，朝匈奴统治势力薄弱的西羌边缘地带疾进，越过乌鞘，首伐遨濮部[①]。当天晚上，霍去病召开了一次阵前会议，他开门见山地说："祁连山山麓驻扎了匈奴七个部落的王

[①] **遨濮部**：匈奴四大部之一须卜氏的分支，河西走廊第二等级的部落。人口上万，与单于本部一直有联姻关系，并为匈奴提供大量战马。

庭,而焉支山往南两百里便是浑邪王、休屠王的王庭。我们要做的就是尽量多地歼灭匈奴的有生力量。河西地区归休屠王及浑邪王管辖,他们的总兵力是我们的十倍之多,但分散在东西千余里的部落里。我军若想取胜,就一个字——快。以最快的速度打击敌军,使之不能有效集结。一旦他们集结起来,我们就会受到威胁。"

霍去病穿行于河西,河西南部的几个小王慌了,忙开会商议对策。

鸾鸟王说:"汉军渡过黄河后一路向西狂奔,仅用了半天时间就击溃邀濮部落。据我所知,邀濮王的兵力并不弱,可见汉军的战斗力很强。"

显美王说:"听说他们的将领叫霍去病,年轻又强悍,且汉军的武器装备比我们强,若与他们硬拼肯定要吃亏。不如先避其锋芒,诱敌深入。"

鸾鸟部落的头号战将鸾昆提不屑地说:"不过一个乳臭未干的毛头小子,何须畏惧。王爷给我五千兵马,不出半日定将他生擒回来。"

鸾鸟王呵斥道:"不可轻敌!"

显美王说:"汉军杀来这里,要经过三个部落,我们还有时间准备。"

"汉军来势凶猛,仅靠我们可能打不过,还是向休屠王、浑邪王求援吧。"相国费连拨图说。

鸾鸟王点点头说:"在援军到来前,只要守住隘口,还可利用东南边的黄羊沟设立屏障,各位尽快去准备吧。"

黄羊沟位于两个部落东南二十里的地方,是一条横贯南北的古河道。为了阻挡汉军,相国费连拔图派人把河坡挖断,但还没完成,汉军就通过乌黎、骊靳、番和三部落,逼近了黄羊沟。鸾鸟王、显美王慌作一团,急忙搭建藩篱和寨门固守。

霍去病的人马在寨前受阻。为避免伤亡,他没有强攻,而是想办法智取。他在寨门两边各留一队人马,再派一部人马到寨前挑衅。匈奴人没耐心,派一悍将率千余人出寨交战。

双方刚一交手,汉军的收兵号就吹响了。匈奴兵感到莫名其妙,见寨门又已打开,不得不收兵回寨。这时,寨门两边的汉军迅速破门而入,黄羊沟立破。霍去病一马当先杀入敌营,直奔寨后的隘口。

隘口后面就是休屠王的王庭,休屠王匆忙组织起一万人马抵抗,自己与浑邪王则领五千精兵向北撤退。霍去病的人马杀入王庭,休屠王、浑邪王已不见踪影。匈奴兵没有统一指挥,陷入混乱之中,完全失去了战斗力,只顾四处逃窜。

当时临近匈奴人的祭祀日,他们准备了很多珍贵的祭祀用品,因为来不及带走都被汉军缴获,其中有休屠王的祭天金人。浑邪王之子及相国、都尉等都成了汉军的俘虏。

霍去病没有就此止步,而是继续穿过焉支山北进,进入了卢胡王的地界。汉军还未及扎营,斥候来报说卢胡王已将三万人马集结于卢水湖旁,现正调兵遣将,准备迎战。

霍去病传各将领到帐,征求他们的意见:"卢胡王手下有四员虎将,能征善战,而我军只有万余人马,何以制胜?"

司马赵破奴说:"匈奴虽兵多将猛,但他们少识兵法,不晓韬略。兵多不训,乃乌合之众;将猛无谋,乃匹夫之辈。我大汉兵将,智勇兼备,以一当十,何愁胡虏不破?"

霍去病说:"但敌我兵力悬殊,若贸然进兵,必有不利,得想一万全之策才是。"

众将官各抒己见,争论不休。最后,霍去病拍板下令:"赵破奴、高不识、邢山(一作卫山)、安稽四将,领兵两千,当夜乘黑迂回至卢胡王大营后,明早匈奴兵前来迎战,营中必然留兵不多,于午时劫掳营寨;李敢、公孙贺、复陆支、伊即轩四将,领兵三千,埋伏于中途,待匈奴兵明日前来,从后面插入,截其归路,从背后夹击;其余众将率兵正面迎敌。"他又命合骑侯公孙敖带三百人马去民间宣示汉朝王道、汉胡和亲政策,愿意归顺者便不征讨。

公孙敖算是霍去病的半个师傅,此次西征,武帝任命霍去病为骠骑将军,而他则成了霍去病的部将,他心中颇为不服,西征以来多不用力。霍去病知道他的心思,因而这次只派他去宣示王道。分派已定,众人各自领兵而去。

匈奴卢胡王当日将兵聚齐,也宣将入帐,说道:"汉将霍去病率万余人马远道而来,又连日征战,必然兵困马乏,如何能敌我三万之众?明日之战,留两千人马由右将军伊安率领,守住大营。本王率前将军吐雷虎、后将军吐雷豹、左将军呼于尼带主力人马,杀他个片甲不留!"

右将军伊安奏道:"汉军自渡河以来,连胜数国,士气正旺。此次战斗绝不可轻敌。"吐雷虎、吐雷豹一听大叫起来:"你为何长他人威风,灭自己锐气?霍去病小小年纪,乳臭未干,前时取胜,乃侥幸而已。今逢我军,正该活捉此人,献单于王请功才是。"卢胡王也不听伊安的劝告,传令明日按计起兵。

次日清晨,卢胡王亲率人马向汉营杀来,霍去病亦率兵相迎。匈奴将领吐雷虎出战,汉军由仆多迎战,双方战不到十个回合,忽有探马向卢胡王报告说汉兵截住了归路,从后面杀过来了。卢胡王一听顿时乱了阵脚,急忙命令吐雷豹、呼于尼带兵向后杀去,但匈奴兵军阵已乱,无法指挥。霍去病挥兵掩杀过来,他挥舞长槊,专杀匈奴将领。汉军人人争先,奋勇杀敌。

双方激战了近两个时辰,卢胡王见不能取胜,带领残兵突围,霍去病率众紧追不舍。卢胡王回到大营,发现营帐早被汉军烧成灰烬,他正准备向西逃去,忽听一声号响,汉将赵破奴带三千人马冲杀过来,与霍去病所部汇合,将卢胡王等人团团围住。卢胡王见不能逃脱,仰天大叫:"天杀我也!"随即挥刀自刎。其余诸将尽被杀死于阵中。匈奴兵部分西投折兰王,部分北奔休屠王,大部分投降了汉军。

这次出征,霍去病率一万骑兵,经过五个小王国,转战六天,越过焉支山一千余里,杀匈奴折兰王、卢侯王,俘获浑邪王的王子及相国、都尉,斩首、俘获匈奴八千九百余人,夺得休屠王用以祭祀的金人。回师后,武帝下诏增加霍去病食邑两千户。

同年夏季,武帝让霍去病稍加休息后再次出兵河西。为了牵制匈奴左贤王的兵力，避免其向河西方向增援，武帝另派博望侯张骞、郎中令李广率万余骑兵出右北平，进击左贤王部，策应霍去病。

霍去病与公孙敖分领数万骑兵，分别由北地、陇西出塞，向西进击。公孙敖走的是春季出击河西的线路，霍去病则从灵州西渡黄河而进。原计划两军在塞外合军后一同西进，但公孙敖在途中迷失了方向，未能与霍去病会合。

霍去病没有等到公孙敖，便独自率领精锐骑兵继续按原定作战计划急速前进。他吸取第一次出击河西的教训，采取迂回包抄式进攻，渡过黄河后便向北越过贺兰山，翻过浩瀚的巴丹吉林沙漠，绕道居延海，转而由北向南，沿弱水（黑河）而进，经小月氏（未西徙的月氏人），再由西北转向东南，深入匈奴境内两千余里，在祁连山与合黎山之间的弱水上游地区，从浑邪王、休屠王的侧背方向发起猛攻。浑邪王、休屠王没有料到汉军又回来了，慌忙组织人马抵抗。

霍去病身先士卒杀入敌阵，越过匈奴第一道防线——盾牌墙，一连刺杀敌军四十多人。在他身后，数万精骑如潮水般奋勇向前，杀声震天。

经过激烈的战斗，汉军取得了决定性的胜利：歼敌三万余人，迫降单桓王、稽沮王、呼于屠王、酋涂王及相国、都尉等两千五百人；俘虏五王母、单于阏氏及王子五十九人，相国、将军、当户、都尉六十三人。汉军仅伤亡三千余人。浑邪王、休屠王率残军逃走。

第八章 新星崛起

匈奴这个马背上的强悍民族，终于在汉王朝的倾力打击下，在卫青、霍去病等名将的铁血征伐下，引马而去，不窥阴山。阴山之南没有了匈奴人，只留下一首匈奴哀歌：

亡我祁连山，使我六畜不蕃息；
失我焉支山，令我妇女无颜色。

与此同时，在右北平，李广率四千骑兵为先锋，一路高歌猛进，将大部队远远甩在数百里之后；张骞率万余骑兵在后，他一路上小心翼翼，亲自勘察地形，稳步推进。结果，李广部一头撞进了匈奴左贤王的包围圈。匈奴左贤王率四万骑兵从四面八方包围过来，李广的部下都很害怕。

为了稳定军心，激励斗志，李广命自己的儿子李敢去探察敌情。李敢不愧是将门虎子，他率数十名骑兵直穿敌阵，杀开一条血路后返回，向李广报告说："匈奴人好对付，没什么可怕的！"这一招果然灵验，极大地鼓舞了士气，士兵们的情绪渐渐稳定下来。

李广命士兵们摆出圆形战阵，背向里，脸朝外，严阵以待。匈奴人发起了猛烈的进攻，但李广布下的圆阵让他们无处下手也不敢靠近，于是就在远处放箭，一时间万箭齐发，密如骤雨。汉军人少势单又四面受敌，结果伤亡过半，箭也快用完了，形势十分危急。

李广命令部下弓拉满，箭上弦，瞄准目标，但并不发射。他自己则用特大的黄色强弓射击匈奴将领，一连射死好几个冲在前面的匈奴副将，终于使匈奴人的攻势缓和下来。这时天色已晚，汉军将士都很紧张，只有李广神色自如，不断安排应敌之法，将士们都很佩服他的勇气。匈奴人因为在攻坚战中损失巨大，没有趁夜拿下李广部，而是选择休战一晚。

第二天，双方再次发生激战，汉军死伤大半，但消灭的敌人也超过了己方的损失。匈奴左贤王观察到李广的军队已经是强弩之末，准备再发动一次大规模进攻，彻底消灭汉军。关键时刻，张骞率大军赶来了，匈奴人急忙撤军。汉军疲惫至极，无力追击，也撤兵而还。

根据汉朝的法律，张骞行动迟缓，贻误战机，按法应处死，但武帝念在他救李广有功，准许他出钱赎罪。于是，张骞赎身成为平民。李广功过相抵，没有封赏。

霍去病凯旋后，武帝增加其食邑五千户，并封其部下有功将领鹰击司马赵破奴为从骠侯、校尉高不识为宜冠侯、校尉仆多为辉渠侯。合骑侯公孙敖因行动迟缓，未能按期与霍去病会合，本应处斩，赎身后成为平民。

第九章 远征漠北

第一节 浑邪王降汉

荒漠的秋天来了，浑邪王躺在临时帐篷里，望着暮色中两行南飞的归雁发呆。他的王庭没有了，成群的牛羊也没有了，不知何处是归处。

"大王，不好了，大单于遣使召您去王庭！"浑邪王的一个亲随慌慌张张跑来报告。

"什么？"浑邪王猛地坐起来，"快请休屠王来议事！"

亲随转身而去。浑邪王心乱如麻，没想到伊稚斜单于来得如此之快。三天前，他秘密派出使者向驻守边界的汉军投降，请求汉军出兵接应。这件事是秘密进行的，时间又这么短，伊稚斜单于是如何知晓的？

浑邪王之所以向大汉投诚，是因为右部（西部）匈奴遭到卫青、霍去病连年攻击,各部落人马死伤甚多。浑邪王与休屠王的部众屡战屡败,死伤者数万人。伊稚斜单于闻报大怒,遣使召浑邪王、休屠王回单于王庭受死。浑邪王与休屠王都很害怕,知道不能再回去了,便密谋率领部众降汉。浑邪王先遣人入边,与汉将结约。

　　其时,李息正领兵在河上筑城,听浑邪王使者说明来意后,他不敢怠慢,立刻派人把匈奴使者送到长安。武帝在未央宫召见了浑邪王的使者。他来回踱步,思考浑邪王的使者说的是否是实话,他担心匈奴人诈降,真正目的在于突击边塞。他犹豫半晌,又担心失去一次不战而获的机会。最终,他下定决心——开关塞迎降。他召来霍去病,让他领兵前去接应,并做一些必要的防备措施,见机行事。

　　浑邪王一心降汉,在接到大汉同意归降的消息后,马上派使者去催促休屠王率部一同进关。不料休屠王担心汉朝薄待自己,又开始犹豫起来,含含糊糊地打发走了浑邪王的使者。浑邪王见休屠王迟迟不肯动身,担心节外生枝,再生事端。他权衡利弊,对部下说:"如今箭在弦上,不得不发。这事也由不得他了。"浑邪王带领手下人马突袭休屠王部,杀死了休屠王,又抓住了休屠王的太子和全家,收编了休屠王的部众,然后一同向东南移动,准备归降汉朝。

　　霍去病命令关塞做好应急准备,然后率部渡过黄河,在五原附近扎下营寨。恰巧浑邪王率领部下赶来会合,两军相距仅数里之远。浑邪王那边突然烟尘四起,不少人往北面跑去,其余部众乱成一团。原来，浑邪王属下小王及其部将见汉军如此威武雄壮，心里十分恐惧，担心遭到掩杀。而且有些人本来就不想投降汉朝，于是就掉转马头，落荒而逃。浑邪王见状忙大声喝止，但无济于事。

霍去病仔细观察着对方的真实表现，认为他们绝大多数人是甘心投降的，便将大部人马留在原地待命，只带百余人进入对方的营地，与浑邪王相见。两人商议整编部众，霍去病得知休屠、独孤等部落中还有七八千人不愿投降，就与浑邪王设计将他们全部处死。随后，霍去病带领降众四万余人渡过黄河后扎营。

一切处置妥当，霍去病马上具奏呈送朝廷。武帝闻奏非常高兴，下诏发车两万辆前去迎接，并准备了盛大的迎接仪式。

元狩三年（前120年）十月底，霍去病将四万余匈奴降众与汉军进行混编，分驻在咸阳（旧城）北原一带。浑邪王率领部分匈奴降兵，随霍去病一起骑马穿过由一万八千辆车马、十数里楼门和庞大仪仗队伍组成的通道，越过渭水横桥，在横门外的华表下集结。浑邪王走到渭水桥上，勒住马头，仰望长安，第一次感受大汉都城的繁华，心情不免有些复杂。

过桥后，他们下马步行。迎接他们的三名官员中，有一位三十多岁的年轻将领，霍去病对浑邪王说："这就是大战河南、漠南的大将军卫青。"浑邪王上前行礼，心中满是敬意。卫青答礼，说："王爷深明大义，我朝君臣闻之，皆感欣慰。我朝皇上诏命，将王子归还王爷。"说着，便拉王子昆邪尔图上前来。父子二人久别重逢，默默相拥。

武帝在皇城东南的点将台接见匈奴王、将，赐封浑邪王为漯阴侯，食邑万户；又封其裨王部将数人为列侯，各行赏赐。休屠王太子金日磾和母亲、弟弟金伦都被没入官府为奴婢，送到黄门养马。

对于武帝厚赏匈奴降众，汲黯进谏说："匈奴攻击我们的要塞，拒绝与汉朝通婚，朝廷发兵征讨，死伤不计其数，所耗军费数百万之巨。臣认为陛下得到的匈奴人都应作为奴婢，赏赐给参军献身疆场的将士的家属；所缴获的财物也一并赏赐给这些家属，以抚慰天下百姓，平息百姓的怨气。如今浑邪王率数万人来降，陛下厚加赏赐，府库为之一空，这就是所谓'保护树叶而伤害树枝'的做法。臣认为陛下这样做不可取。"但武帝并没有接受这一建议。

由于匈奴降众与汉人言语不通，武帝担心他们久居长安难免生事，于是诏令他们分居陇西、北地、上郡、朔方、云中五郡，又在浑邪王旧地设置武威、酒泉二郡。于是自金城以西，傍南山直至盐泽，再无匈奴踪迹，而陇西、北地、上郡一带边患渐少。武帝便下诏减去这些地方一半戍卒，以省徭役。同时嘉奖霍去病的功劳，加封食邑一千七百户。

在匈奴降者中，有一人特别受到武帝的重用，他就是休屠王太子金日磾。金日磾最初在御马监养马。有一次，武帝在游宴时看马，宫中的美人成排站立在两旁，金日磾等数十人牵着马从宫殿下经过，没有谁不偷看一眼宫女的，但金日磾一眼未看。武帝感到奇怪，便询问他的身世。金日磾说明自己的身世后，武帝当天便赐他汤水沐浴、整饰衣冠，后任命他为马监。后来金日䃅又一路升迁为侍中、驸马都尉、光禄大夫。

金日䃅获得武帝信任后，从来没有犯什么过错。武帝特别爱护他，对他的赏赐有千金之多。每次武帝外出，金日䃅必在车右陪侍，进入宫廷也侍候在武帝身边。

武帝所作所为，除了炫耀自己的文治武功之外，也正体现了大汉朝廷对少数民族的友好政策。

第二节 寻歼匈奴主力

在霍去病打通河西走廊后，武帝消停了大约两年，但他仍终日盘算着如何巩固和扩大河西战果。

元狩四年（前119年）秋，匈奴伊稚斜单于发兵进行挑衅性复仇。兵分两路，每路各有数万人，攻入右北平、定襄两处，杀掠汉民千余人而去。面对伊稚斜单于的公然挑衅，武帝召集将领们商议对策。他说："赵信在我汉朝多年，对于国内各方面都很熟悉，此前他为伊稚斜单于设计北迁，其意以为我军不能远渡沙漠。朕今发兵，多备粮食，横跨沙漠寻其主力决战。剿灭匈奴，在此一举。"

经诸将反复讨论，最后决定发兵十万，分两路深入茫茫沙漠，由东向西寻歼匈奴主力。

大方向确定之后，武帝说道："这是一次前所未有的远征，不仅对我军的速度、耐力、战力是一次重大考验，同时也考验将士的斗志、决心和信念，各位将军有必胜的信心吗？"

李广老将军出列，想奏请皇上让他担任一路主将，但又怕皇上当堂拒绝，自己面子上挂不住，所以他没说出口，又赶紧退了回去。

卫青见状，朗声道："陛下，驱逐匈奴是汉军的神圣使命，虽远必达！"

堂上的将领们闻言，也齐呼："驱逐匈奴，虽远必达！"

武帝见众将斗志昂扬，十分高兴，下达命令：命大将军卫青、骠骑将军霍去病各领五万精兵，分东西两路深入漠北，再由东向西横扫，寻歼匈奴主力。卫青一路以郎中令李广为前将军、太仆公孙贺为中将军、主爵赵食其为右将军、平阳侯曹襄为后将军。霍去病一路未配备裨将，但所统兵卒多是经过挑选的战力最强的士兵，其中包括从上林苑训练出来的建章营骑三千精骑，且选用了从骠侯赵破奴、校尉李敢、校尉高不识等猛将，此外还有匈奴降将复陆支、伊即轩以及昌武侯安稽、北地都尉邢山等，这些人熟知大漠地理，惯于在沙漠中行军作战。武帝认为霍去病比卫青更有胆略，于是让霍去病从定襄出发。

为了确保作战胜利，武帝征集私人战马共十四万匹、步兵数十万，负责转运辎重，保障后勤供应。为这次大战准备的粮草更是不计其数。

大军出发之前，边兵抓到一个匈奴人，得知伊稚斜单于在东边，武帝便临时调换了卫青与霍去病的进军路线：卫青从定襄出发,去对付兵力不太强的左贤王部；霍去病从东边的代郡出发,正面迎战伊稚斜主力。

卫青率五万人马从定襄出塞一路北行,有斥候来报,西北面数百里之外发现伊稚斜单于本部人马。卫青心中疑惑,伊稚斜不是在东面吗？难道是情报有误,斥候把左贤王的人马当作单于本部人马了？兵贵神速,他没有时间犹豫,一边增派斥候再探,一边命令前将军李广与右将军赵食其合兵一路,他自领后将军曹襄、左将军公孙贺的人马为一路,分头向西北疾进。

两路人马先向北深入,然后向西横穿过去。塞北的春天带着寒意姗姗来迟,冰雪还未完全消融,一望无际的荒原上还看不见一丝绿意。卫青催促几万大军悄然前进,但推进的速度并不令人满意。

五天后,大军进入荒漠深处,但仍没有遇见伊稚斜单于的人马,卫青心里越来越不踏实,也更加怀疑情报的准确性。但他转而又想,既然伊稚斜已经准备好与汉军决战,必然会选择一个对自己比较有利的位置,荒漠之中遇不到敌人很正常,现在要紧的是尽快走出荒漠。他估计李广那一路已走在前面了,便命令部队加快行军速度。

这天黎明,卫青被侍从叫醒,斥候急报："大漠北缘发现匈奴单于的主力。"

"确定是主力？"卫青问。

"确定,主力不仅有将近十万之众,而且他们昨夜就做好了迎战准备。"

卫青心里暗暗叫苦。他的人马昨天才走出沙漠，李广那一路人马又联系不上，双方兵力悬殊，且来不及作部署，这仗怎么打？

伊稚斜单于对汉军的动向显然十分了解，随时都有可能发起进攻。卫青没有时间开阵前会议了，直接下达命令：曹襄的后军以武刚车结阵，重点防御，以强弩伺机杀敌；公孙贺的左军以重骑兵保护车阵两翼，公孙敖以五千骑伺机冲击敌主阵营。

没过多久，太阳从东方地平线上缓缓地升起，牛角号发出低沉响亮的呜呜。顷刻间，汉军前面就出现三队匈奴骑兵，双方相距不过五里，中间没有任何遮挡。伊稚斜单于望见汉军严阵以待，不敢贸然发起冲锋，只是让三队骑兵分散靠近。

眼看敌人一步步逼近，曹襄下令车兵以弓箭射击。匈奴骑兵一边还击，一边加速逼近。在车阵两翼，公孙贺的重骑兵也开始射击，顿时飞箭如蝗，双方不断有人受伤倒于马下。

汉军把武刚车摆成了半圆形的车阵，车阵后面是持刀荷盾的重甲士和弩手。武刚车长约二丈、宽一丈四，四周及车顶以厚革皮或铜片覆盖，以增强战车的抗击力；上安小窗以备瞭望，旁开箭眼，四围环列刀枪，使敌骑难以冲击，弩箭难以穿透，内侧置大盾，是非常好的战斗掩体，既可防敌骑兵冲击，又对弓箭有一定的防护能力。没有战斗时当运粮、运兵车使用，战时当屏障使用。匈奴骑兵非常勇猛，但对汉军的战车、盾牌和强弩却无可奈何。

匈奴人从来没有见过这种车辆，心中惶惑，不敢靠近，于

第九章 远征漠北

是下令开弓射箭,顿时箭镞如蝗,扑向武刚车,但纷纷折落于车下。伊稚斜单于见状十分气恼,下令匈奴骑兵冲杀。

此时,武刚车内,汉军弩手已将强弩上好了弦,见敌骑冲来,数张强弩齐发,直接将一匹马射死,一个挥刀呼喊的匈奴骑兵胸口也中了一箭,箭穿胸而出,士兵当场死亡。

匈奴人大惊,第一轮攻势很快就被瓦解了。伊稚斜单于不甘心,下令骑兵调整阵势,又冲了过来。汉军则依然斗志昂扬,凭借武刚车击退了匈奴一轮又一轮的冲锋。

伊稚斜单于久攻无法破阵,中行说驻马于他身旁,小心翼翼地说:"大单于,现在可改变一下打法,以骑兵快速冲击汉军车阵,使汉军来不及上弦发矢。"于是,伊稚斜单于挑选出战力最强的骑士,由他亲自率领,以速度破阵。汉军万弩齐发,箭如雨下,但还是有数十名匈奴骑兵躲过了箭雨冲到车阵之后。随即,他们又陷入车骑混编的长戟长矛阵中,不少人被矛戟当场捅死。

伊稚斜单于也陷入阵中,幸好他骑术精湛,身手极为矫健,终于逃了出去。

伊稚斜单于逃回去后,立刻与两个军师商议。中行说和赵信都认为,他们面对的肯定只是汉军数路人马中的一路,必须以最快速度将其击败,不然等汉军另外几路人马赶到,就没有胜算了。要速战速决就必须先破汉军的车骑混编阵,而要破汉军车骑混编阵,得先想办法烧毁汉军的武刚车。伊稚斜单于接受了他们的建议,挥着马鞭再次发动进攻。

这一次,匈奴仍是先用弓箭射杀,一到近战范围,便把油脂点燃，扔向汉军的武刚车阵。

汉军兵士被大火逼得离开车阵，防守出现了疏漏。伊稚斜单于见状，一挥手中弯刀，匈奴骑士气势汹汹地冲到车阵前，战马腾空而起，跃过车阵，冲过火海，准备攻击汉军弩阵。

车阵是汉军的护身符，车阵一破，汉军马上出现了颓势，卫青见状心急如焚。匈奴人一波接一波地冲了上来，双方刀剑相击，喊杀声、马嘶声不绝于耳。许多战马躺地哀鸣，目光所及处尸横遍野。虽然双方都有伤亡，但显然汉军处于下风，匈奴的旗帜离卫青中军越来越近，从远处射来的冷箭不时将卫青身前的卫兵射倒。

生死存亡之际，卫青再次受到老天的眷顾。突然之间，大风骤起，沙石扑面，天昏地暗。卫青激动地举起环首刀指向伊稚斜单于的主营地："轻骑全体出击！"

公孙敖马上率领五千轻骑，旋风般杀向伊稚斜单于的王帐，很快就全歼了守护营地的数千匈奴兵士，并放火点燃了数百营帐。

伊稚斜单于正指挥人马对汉军进行围歼，却因突如其来的沙尘暴而无法形成包围，此时汉军车阵两翼的重骑兵又开始准备反攻，混乱之中敌我难分。伊稚斜单于有片刻犹豫，这时，从他的主营地忽然传来震天的喊杀声，随后火光四起。伊稚斜单于大吃一惊，担心是汉军的援军赶来，他不敢恋战，立刻下令让一部人马抵挡汉军，自己带主力回援。

回到营地后，伊稚斜单于发现有三千多人倒在血泊之中，无数营帐化为灰烬。他怒火中烧,正要返身杀回去,却被赵信劝住了。

赵信说:"风沙肆虐,天色昏暗,敌情不明,局面如此混乱,大单于不可再去冒险。"

伊稚斜单于只得下令整顿兵马,准备向寘颜山方向撤离。

天黑之后,汉军仍在与伊稚斜单于殿后的人马混战,卫青命令大军从左右两翼追杀过去。这时,汉军左校捕到俘虏,得知伊稚斜单于已撤走,急忙向卫青报告。卫青立即传令公孙贺率领轻骑连夜追击,自己率主力跟进。

伊稚斜单于殿后的人马很快被击溃了,卫青主力继续追击伊稚斜单于。至第二天早晨,汉军追出二百余里,但未能追上伊稚斜单于主力。卫青细细审问俘虏,虽仍不得伊稚斜单于行踪,却探知西北的寘颜山有座赵信城。卫青听闻此城,觉察到了其战略重要性。他当机立断,下令大军直扑寘颜山。

赵信城并没有多少守兵,汉军轻松夺取了赵信城,获得匈奴大批粮草,补充了给养,休整了一日。卫青考虑到伊稚斜单于已远遁,追上去也未必能战胜,于是下令尽焚赵信城及剩余军资后撤离。

此战可谓惊心动魄,险象环生,终以汉军歼敌一万九千余人告胜。只是卫青心中仍有遗憾,直至拔营回师,依旧未能探听到伊稚斜单于的踪迹。实际上,别说汉军,就连匈奴人自己也不知大单于是死是活,身在何处。

前将军李广和右将军赵食其那一路,因迷路未能如期抵达漠北与卫青大军汇合，直到卫青率大军回到漠南，才与二人相遇。李广所期盼的千载难逢的立功机会，就这样错过了。

第三节　狼居胥祭天

此次漠北大决战，武帝派出的东路五万人马由霍去病统领，从代郡出兵。另有路博德领地方戍卒数千从右北平出兵，出塞后与霍去病会合，并为一路。

武帝的初衷是让霍去病对付伊稚斜单于的主力，因此霍去病麾下尽是汉军的精兵强将。这支强悍无比的王者之师一路向北，深入荒漠，寻找伊稚斜单于主力。武帝得到的情报是伊稚斜单于在东边活动，也就是在左贤王的领地。霍去病哪里知道这是一个错误的情报，出塞后便向北急行军，数日后进入了流沙地，行军的速度才稍稍慢了下来。

"将军，咱们能找到伊稚斜的主力吗？"邢山赶上霍去病，问道。

霍去病说："匈奴人多逐水而居，我们只要找到河流，就一定能找到匈奴人，找到了匈奴人，定能从他们口中得到一些有关伊稚斜的消息。"随即命令所有骑兵能少带就少带，轻装上阵。

霍去病的作战风格一向是以战养战，从不畏惧千里奔袭。一些校尉曾跟随他征讨河西，熟知他的作战风格，倒也见怪不怪。李敢等人则惊愕不已，质疑道："若千里之外仍遇不上敌人，没有粮草，更没有了水，五万大军将会怎样，实在令人难以想象啊！"

赵破奴笑着拍了拍李敢的肩头，说道："无须忧心，这回将军还让带了不少军粮，已经比征讨河西时好多了。"

仆多也补充道："此次皇上不仅送了个庖厨随骠骑将军出征，还让太官运了十几车膳食美酒来。"

大军在戈壁滩中艰难行进。这一带，明沙、伏沙相连，有时看似荒草高原，实际上只有表面浅浅一层植被，下面是厚厚的黄沙，甚至是流沙，每走一步都必须小心翼翼。

数日后，大军行至大漠北缘，终于遇上了一支匈奴兵马，领军之人正是伊稚斜单于的亲信大都尉章渠。他率领一万骑兵，挡住了刚刚走出大漠的汉军。此时霍去病已经人困马乏，但一看见章渠就像打了鸡血一样兴奋起来。

章渠人高马大，皮肤黝黑，性如烈火，见汉军帅旗上有个硕大的"霍"字，料定这就是传说中汉军的不败战神，同样打起了精神。双方都没有丝毫犹豫，直接开战。

霍去病命赵破奴、安稽各领快骑三千，正面从章渠的阵营中直插过去，将其兵马切割成三部分。章渠的兵马刚布置好就被冲散，他一下子慌了，命令几个大当户整顿兵马阻挡汉军去路，他自己也亲自上阵，挥舞着双刃弯刀，径直朝霍去病杀来。霍去病冷笑一声，拿起他的杀敌锐器——梅花长槊，迎面朝章渠刺去。两人战了不到十个回合，章渠自知不敌，丢下自己的人马，独自向西逃去。霍去病也不去追，下令围歼章渠的兵马。

汉军以三比一的兵力优势，轻而易举地灭掉了章渠的万余人马。战斗结束后，霍去病审问俘虏，却大失所望。原来，伊稚斜单于主力已经撤回到余吾水之南，伊稚斜单于担心太子、左贤王乌维势单力孤，于是派章渠率领一万兵马前来支援。左贤王乌维让章渠在此拦截汉军，为左部人马向西北撤退争取时间，左贤王乌维离开这里已经快四天了，章渠自然不必留下来与霍去病拼命。也就是说，霍去病遇到的并不是伊稚斜单于的主力，只是来支援左贤王乌维的，这让霍去病深感失望。左贤王乌维的部众约有三十万人，其中可作战的有十一二万人，霍去病接下来要做的就是追击左贤王乌维，消灭他的十多万兵马。这样的追击战并不是那么好打。

霍去病从章渠这里没有缴获多少军需物资，心中不免起疑：既然章渠欲在此阻截汉军，至少也得备下八九天的粮草，而章渠不仅没有置备粮草，他的人马与汉军交战也是一触即溃，其中定然有诈。

霍去病来不及细想，下令大军一齐朝左贤王乌维撤逃的方向追赶，并亲自率领先锋部队冲在最前面。

一天后，汉军来到离侯山下，斥候报告说左贤王一部是绕着山麓往北撤的。斥候话未说完，山丘上便涌现出密密麻麻的兵马，最高处有两骑，一个是右贤王呴犁湖，一个是右谷蠡王图泽。图泽数次领兵寇边，作战经验丰富，知道此处利于设伏，于是和呴犁湖所部人马两万余人埋伏于此。见霍去病大军赶来，他们凭借地势居高临下，万箭齐发，汉军不得不暂时后退。

赵破奴问:"将军,要不要结阵?"

霍去病摇摇头说:"不必。我军人数占优势,可将匈奴人引下山来围歼。"他当即召来众将细做安排。而后,汉军兵分前后两路,由路博德、伊即轩为前锋,在汉弩的掩护之下迅猛扑向山丘。图泽忙增调骑兵前来支援,毕竟占地形优势,很快又将汉军压制得不能前进。双方又战了一个时辰,汉军似无力再往上攻,溃退下来。图泽兴奋地大叫:"霍去病的人马也不过如此,勇士们随我乘胜追击!"他亲率骑兵冲下山丘。

呴犁湖急得直跺脚,喊道:"右谷蠡王莫去,那是陷阱!"

图泽没有理会,率万余骑兵直冲下去追杀汉军。这时汉将邢山和复陆支的人马齐声呐喊,从图泽的后方发起了攻击。前面溃逃的汉军也转过身来,形成两面夹击。图泽腹背受敌,哪里还有招架之力。呴犁湖焦急之下,也亲率精锐冲下山来。双方短兵相接,杀声震天。

伊即轩凭借手中的精制环首刀,左劈右砍,一路杀到图泽面前。图泽见他来势凶猛,不敢迎战,正要转身逃走,不料伊即轩的环首刀猛刺过来,直入他的胸部。

汉军见状,放声大喊匈奴右谷蠡王已死,一时士气大振。图泽的部众则群龙无首,无心恋战,开始四散溃逃。

呴犁湖正率部与坡丘上的汉军厮杀,见图泽被杀,他心生恐惧,当下鸣金收兵,率部向西逃入大漠。霍去病也不追击,而是以最快速度把图泽所部清剿干净,俘获近七千人。

越过离侯山之后,霍去病率军继续北逐,但接下来的行军异常艰难。匈奴人早就让马羊将沿途的草木啃食殆尽,并将腐烂的牲畜投入本就稀缺的水源之中,使水无法饮用。汉军横穿大漠,所备饮用水早已用完,汉军将士口渴难耐,霍去病不得不让将士掘地取水,但仍无法满足人马需求。

这时,复陆支对霍去病说,前面就是弓卢河,请将士们再忍一忍。霍去病当即下令,全军以最快速度赶往弓卢河,无论多么饥饿、干渴,中途不许停歇。

然而汉军还未开拔,匈奴小王比车耆便率部从北面斜插而来,试图阻挡汉军前行。霍去病下令:"诛全甲!"

片刻之后,比车耆王的脑袋就被一名军士挂在了长戟上。

大漠之中,风沙弥漫,霍去病率领大军继续疾行。第二天傍晚,汉军兵临弓卢河。霍去病派出十余名斥候去探查敌情,大军就地扎营,饮马弓卢河。沙尘暴刚过去,冷风依然强劲地刮着,军旗在风中飘动,帅旗上面一个斗大的"霍"字分外鲜明。霍去病身穿铠甲,头戴战盔,站在帅旗下,紧皱双眉遥望着远方。

弓卢河对岸是屯头王的领地,有山名梼余,左贤王王庭就在梼余山下。这意味着明天将有一场激战。霍去病召集校尉以上将领开了一个简短的战前会议,进行了作战部署,然后说:"我们中的许多人将不会再看见明天的太阳,但为破匈奴而死,死而无憾!写下我们的遗言,留给我们的后人,让他们为我们今日的英勇事迹而骄傲!"

将领们随之齐呼:"不破匈奴誓不还!"

次日清晨,霍去病派出两路汉骑强渡弓卢河,向梼余山发起猛攻。

屯头王和韩王所部依靠地势向下射箭，但匈奴人的羽箭又怎比得上汉弩，他们的箭阵很快被压制住。箭雨中，汉骑先锋更是无所畏惧，以盾相护，不多时已有上千人骑马过了河。匈奴人见汉军来势汹汹，一个个胆战心惊。李敢趁机下令："随我冲上去，将他们的王旗鞞鼓给夺了！"几名汉骑在他的率领下一路杀过去，直杀到匈奴旗鼓车旁。李敢一跃上车，以环首刀劈杀鼓手，又返身将旗手刺倒，左贤王乌维的大旗飘然落地。汉军见状齐声欢呼，越战越勇。

大部汉军过河后，随即与屯头王、韩王的部属展开近身激战。匈奴符离王敞屠洛望风而降，霍去病立刻向他了解乌维的布防情况。在一旁的复陆支听了，便要带人冲上去。

敞屠洛劝阻道："乌维亲率的王师兵马众多，还不包括其他小王，你只有区区三千人马，哪能匹敌？还是等大军一同进攻吧。"

复陆支立功心切，率部穿过匈奴各小王布防的空隙，朝乌维王师扑去。

汉军主力攻上桴余山坡后，返身向山下的匈奴人射击，匈奴死伤惨重。小王雕延年见前方各部的首领小王都战死了，便派亲信向汉军投降，并向霍去病禀告："我知道有条捷径可轻松攻上屯头王的营寨。"在雕延年的带路下，一支汉军精锐悄悄从山侧的捷径进攻。屯头王见大势已去，仰天长叹，抽刀便要自刎。邢山一个箭步上前，将他拦住。

左贤王乌维在后方得知屯头王部被破，又听说数万汉军分几处围击而来，只得亲自率众出战。他一边大喊："誓死捍卫狼居胥圣地！"一边挥刀冲下山来。

左贤王乌维坚持了约两个时辰，十二万人马损耗近半。韩王驱马过来，一边助战，一边劝道："左贤王快撤！"

左贤王乌维愤懑地说："霍去病不除，我匈奴永无宁日。"他们趁前方混战之际，率亲信仓皇逃走。

赵破奴发现左贤王乌维逃跑，便率轻骑一路追去。但左贤王乌维轻车熟路，很快把赵破奴甩在了身后。赵破奴追出五十余里，失去了左贤王乌维的行踪。

汉军主力还在山下与左贤王乌维的兵马鏖战，又持续了一个时辰，几乎全歼了左贤王乌维部主力，俘虏数万人。

几天前，右贤王呴犁湖在漠北离侯山失利后率部西逃，欲与伊稚斜主力会合。匈奴残兵告知呴犁湖，大单于已失踪了十余日，生不见人，死不见尸。呴犁湖听了大叹可惜。

此战让左、右贤王都逃了，霍去病很是不甘心，下令大军主力在梼余山下休整，自己亲率三千精骑继续向前追去，经姑衍山直到瀚海，可哪里还有匈奴二王的踪影！

霍去病悻悻地返回大军驻地，当晚登上匈奴祭祖圣地狼居胥山。在月色的映衬下，大地显得那么宁静，雄浑苍凉的狼居胥山像是天边一头侧卧的苍狼，在这个万物生长的季节散发着萧索冰冷的气息。"这里是匈奴人的圣山、祭天圣地，现已被我军打下，再不是匈奴的地盘。从今以后，这里便纳入我大汉的版图！然而，此役也使成千上万汉军将士的英魂永远留在了漠北大地……"霍去病心里想着，眼前不禁一亮：在此祭天！这是悼祭亡故将士英魂的最佳方式！

霍去病回营后，当即令军中长史赶写一篇祭天疏文，第二天又宰杀缴获的牛羊，并带领众人登上狼居胥最高峰，筑土为坛。

霍去病亲自主持庄严的祭天仪式。在仪仗的簇拥下，他缓步走上燃烧着巨大火柱的祭坛，献牺牲，行洒酒祭天大礼，然后让长史诵读祭天疏文：

"上苍啊！我大汉自元光二年（前133年）始，兴正义之师，征讨匈奴寇戎，至今整整一十七载。两兵相交，生灵涂炭，纷争不止，国库将枯，民不聊生。今日蒙上苍荫庇，幸能击垮匈奴，从此草原安宁，大河平静，耕者乐其田，牧者乐其原。只愿永世息兵，与民休息，天下共享苍天之德，万民与天子共创伟业！"

诵毕，数万将士齐声欢呼："天佑我大汉！天佑我大汉！"喊声震天，在山谷之间久久回荡。

霍去病亲手勒石以记，然后重登坛上，环顾四周，见群山延绵，苍茫而悲凉，他的泪水夺眶而出。

祭天仪式完毕，霍去病又在姑衍山举行了祭地仪式，之后才率师凯旋。

经漠北一战，"匈奴远遁，而漠南无王庭"，十几年内匈奴再无南下之力。

漠北战果如此辉煌，武帝非常高兴，不仅封赏了霍去病，还封赏了其部下。路博德率部会师并跟随至梼余山，封符离侯；复陆支以少破多，封壮侯；伊即靬手刃右谷蠡王图泽，封众利侯；邢山活捉屯头王，封义阳侯。渔阳太守解、校尉李敢皆获鼓旗，赐爵关内侯。徐自为被授予大庶长的爵位。赵破奴、安稽和仆多等，皆有加封。霍去病属下那些小吏士卒，封官和受赏的人也非常多。

另外，武帝增设大司马职位，大将军卫青、骠骑将军霍去病皆加官为大司马；同时定下法令，使骠骑将军的官阶和俸禄与大将军相同。

第四节　李广自杀风波

相比霍去病的风光无限，卫青这次出征战绩平平，未能得到加封，军中的将领和士卒也没有被封侯的。同时，卫青这路大军还发生了一个悲惨的插曲——老将军李广因卫青临时改变部署，迷路自刎，悲凉落幕。

李广这次出征被任命为西路大军的前将军。出发之前，武帝还特意嘱咐卫青保护好老将军，让李广当这个前锋是为了照顾他的情绪，真打起来绝对不能让他上阵去拼杀。

出塞后，卫青抓到一个俘虏，知道了伊稚斜单于的驻地。他求胜心切，决定亲率精兵迎战；同时下令前将军李广与右将军赵食其一起走东路,约期会合。

东行道路曲折坎坷,途中所费时日较长,且沿途水草很少,不能供给大队人马,大军必须分作多个小队缓缓而行。想到这些,李广直接去找卫青问道:"我的职务是前将军,大将军却命令我改从东路出兵。我年少就与匈奴作战,现在好不容易等到与匈奴单于作战的机会,我愿做先锋,战死疆场。"

李广征战沙场几十年,大小战斗打了七十余场,立功多次、重伤数次,是汉朝首屈一指的名将。然而这么多年过去了,他手下的很多战将皆被封侯,唯独他还没有尝过封侯的滋味,他对此耿耿于怀。随着年龄的增长,出征的机会必然越来越少,封侯的概率也就越来越小。这次漠北决战,可能是他最后的机会了。

卫青听了李广这番说辞,仍不答应他的请求。他说:"东道迂回路远,水草又少,行军艰难,右将军一人恐怕难以胜任,所以我打算从中路增派一名将军一同前往,以保证这次分兵合围能够顺利完成。后将军曹襄是第一次出征,没有实战和独立行军的经验。中军校尉公孙敖因为上一回失道而贻误战机,皇上这次并没有任命他为将军独当一面。现今帐下只有老将军您久经沙场,经验丰富,能担此重任。望老将军能以大局为重,和右将军齐心协力,完成此次分兵合围。"

卫青为什么会下达这样的命令确实令人疑惑不解。

从战术上看,这一命令有悖常理。伊稚斜单于的驻地在汉军出发地定襄的西北边,按常理,如果卫青分兵是为了夹击其主力，那么，应该让前将军李广与右将军赵食其从西边抄近路绕到伊稚斜单于背后去，断其西退之路，与正面的卫青形成夹击之势。如果考虑到兵力有限，无法形成夹击之势，也应该集中兵力正面进攻，并向东路的霍去病求援，为什么要分兵让李广、赵食其从东边绕更远的路策应？

有史家认为，卫青这样做是有私心的，目的是让自己的朋友抢先立功，故意支开两个外人。史家解释，卫青临行之际，武帝私下叮嘱说："李广年事已高，不要派他作前锋去打单于，恐怕打不过，使单于逃脱了。"卫青既受武帝密嘱，自己又与公孙敖是至交，公孙敖因前次出师迷路误期，失去侯爵职位，现在军中仅为校尉，卫青有意让他立功复爵，所以才调开李广，让公孙敖为前锋。李广不知武帝有此交代，以为卫青想让公孙敖代己立功，因此愤愤不平。

李广不愿轻易放弃战机，但卫青也不肯轻易改变主张，他让长史写了一封信，加印封好，送到李广那里，让李广照信上所说的办。李广碍于军令，只好服从，但他对卫青的安排很不满，于是不辞而别，率部和右将军赵食其会合后，从东路进军。

然而，李广运气太差。时值仲夏，李广、赵食其率军沿祁连山北麓向东行进。远望青山巍巍，层峦叠嶂，尽管景色宜人，脚下却无路可走。将士们抽出刀剑，边走边砍倒长草荆棘。步兵们扛着矛戟斧钺，深一脚浅一脚，苦不堪言。

李广跟赵食其商量说，这座山离大漠较近，越走越不可能有水,不如进山行进,或许可以找到水源。赵食其一时也想不到更好的办法,于是同意下来。然而,在深山老林中行进更加艰难,人马车辆上不了山坡,只能沿着山沟走,但山沟里也没有溪流。他们在山中转了半天,走到一处开阔地时,李广觉得此处似曾相识,正纳闷间,忽听有个士兵喊道:"这里我们来过!我扔的破口袋还在呢。"李广心里暗暗叫苦,这里山连山,山套山,要想走出去可不容易。

就这样,李广和赵食其的部队吃尽了苦头,虽然没有遇上匈奴人,但非战斗减员却不少,最后在茫茫大漠中迷失了方向,错过了与卫青约定好的会师于匈奴王庭的时间。

卫青回师行至漠南,才与李广、赵食其二人的人马相遇。李广见过卫青,便闷闷不乐地回到自己军中。

卫青派军中长史将干粮和酒送给李广等人,并询问二将迷路原因,说卫青要给天子上书报告详细的军情。

李广认为卫青这是有意为难他,并没有回答。大将军派长史责令李广幕府的人前去受审对质。李广听说后更加愤怒,毫不客气地对长史说:"诸校尉无罪,是我自己迷路,我现在亲自到大将军府去受审对质!"

长史离去后,李广愤怒的情绪达到极点,他对麾下将领说:"我李广从少年起就与匈奴交战,大小战斗七十余次。今跟随大将军出征,幸得机会与匈奴单于正面交战,而大将军却遣我走迂回绕远的路,又迷失了道路,这难道不是天意吗?我已六十有余,岂能再受刀笔吏的侮辱!"说罢,拔出佩刀,自刎而死。

听说李广自杀，汉军将士哭成一片。老百姓听说后，无不落泪。

李广前后领兵四十余年，待兵士宽缓不苛，每得赏赐即分与部下；行军遇有困乏之处，众将士饥渴，他必等士卒饮完才肯自饮，士卒用完餐他才肯进食。尤其是他的射箭之术更是远近闻名，遇见敌人，如果估计射不中，绝不妄发一箭；若发，则必射中敌人。李广有本事，只是运气太差。

卫青听闻李广自杀的噩耗连忙赶来，见李广横卧地上，双目圆睁，鲜血溅满了他斑白的胡须和整洁的半旧白战袍。卫青万万没有想到李广会以如此刚烈的方式来结束所有的是非。他对着李广的遗体深深一拜，然后下令："把李将军的遗体好好收殓，运回长安。"

李广的一名亲随哽咽着说："李将军遗言说，他想留在阴山脚下，这里才是他最后的归宿，请大将军成全！"

卫青一愣，倘若把遗体留在阴山脚下，回去怎么向李广的家人交代？不过，若把遗体带回去，又违背了李广的遗愿。他沉吟片刻，最后决定把李广的衣冠宝剑留在这里，起个衣冠冢，遗体还是运回长安。于是，一个简陋的衣冠冢在阴山脚下立起来。汉军将士带着无限感伤，踏上归途。

当时李蔡正担任丞相一职，他因李广自杀而对卫青有所不满，于是在卫青率军回长安时，在长安近郊摆设香案，令十余名家丁披麻戴孝，跪地哭泣。卫青心情沉重，将李广的遗体交由李

第九章 远征漠北

蔡处理,然后带队而去。

李广有三个儿子,长子名当户,次子名椒,小儿子名敢,都是郎官,事奉武帝。李当户早死,武帝拜他的弟弟李椒为代郡太守,但李椒也不幸英年早逝。唯独小儿子李敢,这次作为校尉跟随霍去病出塞,立有战功。武帝念及李广死得无辜,于是让李敢承袭父职,为郎中令。

即便如此,李敢心里还是怨恨卫青的安排使父亲绕行迷路,失去了立功机会,以致怨愤自杀。

元狩五年(前118年)的一天,公孙贺在府中宴请军中诸将校。李敢作为郎中令,也在受邀之列。

大将军卫青也在座,他一向与人为善、平易近人,只要不是军中之事,众人都乐于和他亲近,宴会的气氛十分热闹。

酒过三巡,有人提议为路博德、邢山等新封侯爵干杯,众人便纷纷举起酒樽,一饮而尽。这两人是霍去病部属,因为漠北之战立功而受封。而卫青的部属虽经历生死大战,却因为伊稚斜单于逃脱而无人封侯,难免心生怨气。平时能隐忍不发,但几樽酒下肚,便有些怨言。有人说,匈奴单于逃脱,全因李广迷路所致。此言一出,一下子触动了李敢敏感的神经,他心中隐隐作痛,在宴席上借酒消愁,很快便有了几分醉意。而众将口中讥讽之语还在不断飘入他耳中,他无法控制自己的情绪,起身走向卫青,质问道:"末将父亲之死是不是大将军故意陷害?酒宴上这些人侮辱先父,是不是大将军指使?"

卫青愣了愣,正要开口解释,李敢又说道:"大将军,先父一生与匈奴作战，英名天下皆知，却屡屡不得军功封爵，这也就罢了，我不在乎这些！我李家被小人陷害，但天下人的眼睛是雪亮的，自有评说。只是我父以花甲之年跟随大将军出征，没有死在战场上，却自刎于军中，大将军总该有个令人信服的说法，不然何以服众？"

卫青见李敢明显是挑衅，也不生气，从容说道："李老将军戎马一生，身经百战，威震匈奴，我卫青素来敬佩。至于老将军自尽于军中，皆因漠北之役中迷失道路贻误战机，羞于面对刀笔吏之故。此事军中自有记录，已具奏朝廷。关内侯理当知晓，我没有另外的说法！"

李敢骤然狂怒："胡说！大将军依然坚持如此荒谬的说法，实难令人信服！一定是你恃权仗势，妒忌先父英名，设计害死先父！"

卫青一再压制心中的怒火，正色道："关内侯，我知你因亡父之痛迷失心智，无礼之处不和你计较，但你怎可当众污蔑本将军？"

李敢已经失去了理智，骂道："我没有污蔑你，你本就是个奸邪小人！"说着，突然挥拳打向卫青面门。卫青猝不及防，重重挨了一拳，顿时鼻中鲜血直流。李敢挥舞拳头还要再打，但卫青已有防备，左躲右闪，李敢没能再得手。

众人见此情景都惊讶不已，赶紧将李敢拉走。

卫青的侍从冲进来，问："大将军，要不要将李敢抓起来治罪？"

卫青摆摆手说："算了。"他强忍怒火，装作若无其事一般。漠北大战，卫青及所部将士有功却少有封赏，他忍了；李敢以下犯上，殴打他，他也忍了。

事后，李广的夫人见儿子闯下了弥天大祸，赶紧带着儿子到卫青府上请罪。卫青好言抚慰了他们一番，又为李广之死向李老夫人赔礼道歉，并派人把他们送回家去。

卫青是善忍之人，但是，霍去病不能忍，他明白卫青的苦衷，不能容忍别人侮辱舅舅，也不能容忍下级侮辱上级。这不只是私人恩怨，还将影响到军队的风气和纪律。他暗下决心要好好教训一下这个胆大妄为的家伙，不管他是谁。

实际上，在李敢殴打卫青之前，霍去病对李敢是非常欣赏的。同样是少年英雄，两个同龄人身上有着太多的相似之处。但李敢以下犯上，殴打自己的舅父，就凭这一点，李敢必须死。此后，霍去病几次派人催调李敢入府，李敢知道霍去病会借机杀了自己，所以几次都抗命不去。但霍去病最终还是找到了机会。

第二年春夏，卫青一直和霍去病一起在关中大练兵。转眼到了秋季，武帝特谕："骠骑将军霍去病及帐下于关中练兵已久，劳苦有功，暂回长安休整。"

霍去病与异母弟霍光等人一起回到长安。第二天，武帝便召他二人陪驾狩猎。李敢作为郎中令，少不了也要随驾出猎。武帝带着一班文臣武将，浩浩荡荡地开向甘泉宫。

近些年，因祭祀活动增加了不少，武帝在甘泉宫新建了太乙宫,同时扩大了后山的猎场范围。与上林苑放养的动物不同,这里山高坡陡,沟深林密,野生动物众多。狩猎前,武帝对众人说:"今日不管贵贱,以猎物多少争胜,所获猎物称重,重者重赏!"说完策马而去。

甘泉宫后山猎场顿时旌旗飘飘,鼓角阵阵,千骑驰逐,万人呐喊。不一会儿,很多人便有所斩获。李敢发现前面一只麋鹿正仓皇奔跑,连忙策马紧追。麋鹿算得上重量级的猎物,李敢紧追不舍,渐渐远离众人了。这时,麋鹿被一条沟壑挡住了去路,驻足选择逃命方向,李敢抓住这个机会,张弓搭箭,"嗖"的一声,麋鹿应声倒地。李敢高兴地策马过去查看,刚下马便感到一股死亡气息逼近,他一回头,看见背后的战马上有一人正拉开弓箭对准他。定睛细看,原来是霍去病!难道他要射杀我?李敢连忙一个翻身准备上马而逃。可他的动作哪有箭快,何况二人相隔不过二十步距离!李敢中箭倒地,建章营骑的侍卫纷纷赶过来,目睹了这令人震惊的一幕。

武帝很快得到了消息,众人以为皇上定会雷霆震怒,擅杀重臣是死罪,更何况杀的是守卫宫廷的侍卫最高长官!

然而,武帝却一反常态,显得出奇的平静:"发生这样的意外,朕甚感心痛!此乃军中机密,任何人不可私下传播流言。"他将这起谋杀定性为意外事件,还有谁会多嘴呢?

随后,朝廷诏谕天下,郎中令、关内侯李敢在狩猎中被麋鹿所伤,救治不及,死于非命。

元狩六年(前117年),霍去病不幸病逝,年仅二十四岁。

武帝赐谥号"景桓",陪葬茂陵,并仿照祁连山的形状为其修筑坟墓,以彰显其军功。

霍去病短暂而绚烂的一生,在历史的天空中如一颗耀眼的流星划过,燃尽了自己光和热,而他的名字也将为世人所铭记。

第十章 再续前缘

第一节 武帝的新欢

经过十几年对匈奴用兵,武帝终于如愿以偿地解决了困扰汉王朝大半个世纪之久的北疆边患,但也差不多把大汉的家底打光了。为此,他加大推行"盐铁官营"的力度,增加商税和农业税,并且发行了几种新币,国库又渐渐充盈起来。

武帝觉得自己可以稍稍放松一下了,对各种方术、祭祀郊游、狩猎、歌舞娱乐等有了更多的兴趣。然而他的这些兴趣只是为了排解内心的寂寞空虚。

自从王夫人病逝之后,武帝身边再无受宠的妃子,他对皇后卫子夫也是不冷不热。平阳公主与卫子夫走得比较近,尤其是曹襄娶了卫长公主后,她们更为亲近。二人常谈及后宫之事,都希望能帮助武帝从情感困局中走出来。

平阳公主说："我府上有一乐师叫李延年，不仅面容俊俏，且才艺超群，歌声撩人，舞姿优美。我把他献给皇帝排忧解闷，皇后以为如何？"

卫子夫点头道："长公主一向眼光独到，又常别出心裁，想必一定能帮到皇上。"

没过几天，李延年就被送入皇宫，成为宫中乐师。

李延年年轻时因犯法而被处腐刑，后被派到狗监杨得意那里去养狗。李延年天天与狗待在一起，还常被狗监里的人嘲笑欺辱。他受不了这种欺辱，便向杨得意请辞。出宫后，他无以为生，幸好有些音律底子，于是苦练琴艺，与自己的小妹一起在富贵人家卖唱。后来听说平阳公主府上有专门的歌舞班子，兄妹二人便投到了平阳公主府。

起初，李延年并未引起武帝的注意。后来，平阳公主在武帝生日这天专程入宫来看望他，他非常高兴，设宴款待平阳公主，并让歌舞班子献唱助兴，李延年这才有机会一展才艺。他生得白净俊美，精通音律，能歌善舞，这让武帝不由得想起了他的宠臣韩嫣，又想起了已病故的王夫人。

这时，峨冠博带的李延年趋步而来，跪拜在武帝面前："陛下，奴才新编了一曲，名《北方有佳人》，敬献给陛下。"

武帝心里正想着佳人，他知道南方的佳人很多，却从未听人赞扬过北方的佳人。若说北方的佳人，他有过陈阿娇，现在还有卫子夫，可她们要么妒意十足，要么徐娘半老。他倒想见识一下李延年曲中的佳人是何模样，于是龙颜大悦："北方有佳人？好啊，唱来听听。"

音乐响起，李延年扭动着腰肢，随着音乐起舞，那舞姿婀娜多姿。他边舞边唱道：

北方有佳人，绝世而独立。
一顾倾人城，再顾倾人国。
宁不知倾国与倾城，佳人难再得！

李延年反复吟唱，曲词简短，却以夸张的语言赞颂了这位佳人的美貌。悠扬的旋律中透露出淡淡的忧伤，全无矫揉造作之态。武帝脑海中又出现陈阿娇、卫子夫年轻时的倩影，还有那美好的过往。

乐声停止，李延年的歌声也随之停止，而武帝还沉醉其中。

过了许久，武帝突然站起来，问道："李延年，你所唱的那个倾国倾城的北方佳人，真有其人吗？"他迫不及待想要拥有一位如李延年所唱的倾世佳人，但世间真的会有这样绝美的女子吗？

"有，奴才不敢欺瞒皇上。"李延年语气坚定地回答，然后把目光投向平阳公主。

平阳公主看准时机，赶忙接话："当然有，据我所知，乐师李延年的妹妹李氏就美貌惊人，这首歌正是李延年用来形容他的妹妹的。"

武帝闻言大喜，忙问："这位佳人现在在哪里？"

见武帝这副猴急模样，平阳公主不动声色地问道："皇上现在要见她吗？我马上派人去把她寻来。"

平阳公主派人回府上接来了李氏。当佳人站在面前，武帝眼前一亮，心跳立马加快了。作为一国之君，佳丽美人他见过无数，但如此风情又美貌的女人从没见过，他忍不住赞道："世间真有如此美人，清丽脱俗，风姿无两。"随后让她即兴演唱一曲。

李佳人歌喉甜润美妙，舞姿优雅绝伦，彩衣长袖舞动，似有无数花瓣从天而降。

武帝大喜之下纳李氏为妃，从此六宫粉黛无颜色，李氏继王夫人之后成为武帝新宠，后世称之为李夫人。

武帝爱屋及乌，很快就将李夫人的几个兄弟李延年、李广利、李季都封了官。如果李氏兄弟能像卫青那样能征善战，或者只是像李延年那样玩玩音律也就罢了，偏生李广利无才无德竟然当上了贰师将军被派去远征，结果灰头土脸大败而归。因为李夫人的缘故，武帝没有怎么责罚李广利，只是又重新派遣桑弘羊去负责这次战事，实际上就是替李广利善后。朝中大臣对此意见很大，议论纷纷，却不敢当面劝谏。直谏诤臣汲黯被外调淮阳，群臣只能把希望寄托在大将军卫青身上，纷纷登门请他出面。

卫青心里明白，这个时候他是最不适合出面的。其一，他自己也是因姐姐卫子夫受宠才得到入宫的机会；其二，李夫人与皇后卫子夫各代表了一方势力，如果他去劝谏，皇上必会认为他插手后宫争斗，这是身为人臣之大忌。但是，那么多大臣来恳求他,他若毫无行动,又会把那些大臣给得罪了。

正在卫青左右为难的时候,建章宫柏梁台建成,他便借"贺新"之名,去建章宫看看有没有可能跟武帝私下说几句话。

卫青差不多一年半没进建章宫了,武帝以各种理由让他赋闲在家,卫青也乐于享受这种闲来无事的生活。不过,他对朝中之事还是很关心的,他不觉得以武帝的定力真会因为李夫人而做出什么荒唐的事情来,但武帝最近的行事作风跟以往相比确实变了不少,他还是有些担心。他内心纠结了许久,最终还是迈进了建章宫的大门。

这是元鼎二年(前115年)春天的一个傍晚,建章宫玉堂内传出一阵阵丝竹之声。袅袅乐声中,一群歌姬舞女如春燕一般飘到庭前,一个个口含丹珠,翘袖折腰。武帝手持金樽,已有半醉之意,他的新宠江充在侧。桌旁有一位风姿绰约的娇俏女子,白衣款款,黛丝柔垂,容貌秀丽,一如《北方有佳人》中所唱那般倾国倾城。

卫青料定这女子当是新得圣宠的李夫人,于是趋步向前,稽首拜道:"臣卫青叩见陛下,叩见夫人。"

武帝说:"仲卿怎么未经传召便入殿来了?是有什么急事吗?"他挥挥手,让歌姬们退至一旁。

卫青不慌不忙地回道:"臣听说建章宫柏梁台落成,特来恭贺。"

"哦,那仲卿觉得这柏梁台建得如何?"武帝问。

卫青本不是为柏梁台而来,根本没看过它是什么样子,武帝这一问，他支支吾吾不知该怎么回答。

其实武帝早猜到他是来当说客的，只是不想挑明而已。他见卫青答不上来，也不深究，笑着说道："看来仲卿很是清闲啊，不如坐下来与朕一同欣赏乐舞。"

卫青闷声道："臣不懂欣赏，也没有皇上这般兴致。"

武帝有些不高兴道："最近这些日子仲卿有点懒散了，虽说朝廷近无战事，你这大将军无正事可做，可朕记得你还挂着大司马的头衔，是不是该帮助一下那些年轻的将军呢？"

卫青说道："长江后浪推前浪，年轻一辈的将军哪见得一个过气老将在他们面前指手画脚。"

"仲卿入宫来，这也没兴趣，那也不想做，此番前来究竟所为何事呢？"

卫青知道武帝还不会昏庸到"爱美人不爱江山"的地步，便委婉地劝道："臣闲着没事，出来活动活动身子，倒是陛下国事纷繁，日理万机，务必要爱惜龙体啊。"

武帝心想，朕明明在休息，哪有日理万机？卫青这劝谏的本事还真不如汲黯。于是，他漫不经心地说："既然大将军闲来无事，不如你今日就在宫中当一天值吧，重新体会一下当宿卫的感觉。"

卫青心里暗暗叫苦，他虽贵为长平侯、大司马、大将军，但要把他变回原来的一名小卒，不过是皇上一句话的事。他看出武帝不像是在开玩笑，只得应了声"诺"，马上去找轮值的卫尉丞领了一套军服，像初来建章宫时那样，手握长戟，笔直地站在宫门口,把那些当值的宿卫惊得目瞪口呆。

这一班要值守到深夜。卫青的眼睛不时瞟向玉堂殿,虽然看不见里面,但那歌乐声却不绝于耳。他的心绪更加烦乱,心里暗道:建章宫,纵有小小的舍不得,终将挥手告别,今夜我为皇上站完最后一班岗,决不再踏入宫门半步。他回头望着天上的一轮明月,心底泛起一丝苦涩,挥之不去。

深夜,武帝被一群人簇拥着走出来,他见卫青像其他宿卫那样规规矩矩地站着,别有深意地说:"回家去吧,大将军是专管军国大事的,一些闲碎小事就不用操心了。"

望着武帝的背影,卫青猛然想到"回家",是该回那儿去了。平阳,是他的伤心之地,在那里他从未有过真正的家,但那毕竟是生他养他的地方,他又怎会轻易忘记呢?

第二天,卫青向武帝呈奏:"臣准备回平阳建个小别院,望陛下恩准。"

武帝当堂准奏,说:"大将军终于知道享受生活了,实在难得。今后若不传召,大将军可不必上朝。"

第二节 迎娶平阳公主

元鼎二年(前115年),一贯谨小慎微、顾虑周全的卫青,高调地迎来了人生的第二春。

这一年,平阳公主的第二任丈夫汝阴侯夏侯颇因为和他父亲的侍妾通奸，畏罪自杀，使这段原本将就的婚姻画上了句号。在平阳公主心目中，夏侯颇只是她生命中的一个匆匆过客，却给她留下了极大的伤痛。不过，她是个坚强的女人，很快便从伤痛中走出来，开始新的生活。

不久，平阳公主又动了再婚的念头，她不相信自己贵为公主，却一生都遇不上一个真正值得自己去爱的好男人。而今容颜渐老，这一次她下决心要选一个自己中意的人。她问身边的侍女们，列侯中谁比较合适呢？侍女们自然明白公主的心思，众口一词推荐了大将军卫青。平阳公主满脸笑意，却故意说："他原是我家骑奴，曾经跨马随我出入，是不是有点不合适呢？"

侍女如意说："卫大将军如今不比从前了，他身为长平侯、大将军，威权赫赫，连朝中丞相见了他也要客气三分。不仅如此，他的儿子们都封列侯，他的姐姐贵为皇后。除了当今皇上，还有何人赶得上他？"

平阳公主时常关注卫青的一举一动，这些情况她岂会不知，而且她还知道卫青的糟糠之妻已不在人世，所以才动了芳心。现在侍女们道出了她的心声，她自然开心，高兴地说："若果真如此，那就是天从人愿了！"

几日后，平阳公主入宫见卫子夫，借机把自己的心事透露给她并托她向武帝恳求赐婚。

"公主是我的恩人，没有公主就没有子夫的今天。公主欲改节再醮，子夫岂能不竭力而为之，只是近来皇上……"卫子夫似乎有些为难，因为武帝现在正宠着李夫人，未必肯听她的。

平阳公主说:"皇后无须多虑,只将本宫的意思转达到就好了。"

转天,卫子夫便以平阳公主说客的身份出现在武帝面前:"长公主有意……招个新驸马。"

武帝得知平阳公主的心仪人选是卫青,有些尴尬地说:"皇姐要朕做媒,朕自然是义不容辞。只是皇姐相中的人选,似乎……"武帝心想,他比卫青至少大三岁,而平阳公主比他又年长了四五岁,这样算来,平阳公主比卫青可大了不少,她怎么会选中卫青呢?

卫子夫说:"长公主也知道以她的年纪来说不是很合适,如果不是下了很大决心,她也不好意思提这样的要求。实际上,弟弟卫青与长公主早就暗生情愫,私下也有书信往来,只是碍于礼制才止步于情。如今二人皆失偶,身份也相当,臣妾以为还是有可能成。"卫子夫极力想促成此事,这对她摇摇欲坠的后位多少会有些帮助。

武帝沉默良久,说道:"他俩过去有情,未必现在还有意,毕竟都不年轻了。皇姐与汝阴侯这段不幸的婚姻,是朕一手促成的,想来也是朕对不起皇姐,还不如当时就遂了她的意。"

"既然皇上觉得内疚,那么就请皇上在忙完国事之余多关心一下,长公主一个人走到现在实属不易啊!"卫子夫趁热打铁。

武帝最终下了决心,说:"这样吧,把皇姐和卫青都请来宫中,如果卫青点头,朕就同意。"

于是,卫青刚从河东平阳回京,就被传唤入宫。他心中略感忐忑地来到未央宫昭阳殿，只见武帝坐于殿中正位，卫子夫和平阳公主也在场。平阳公主看见卫青到来，眼眉带喜，坐得又端正了几分。

卫子夫热络地告诉卫青这件喜事。卫青略显惊讶，似乎初次听说，又似乎早有心理准备。他望向平阳公主，见她羞涩地低下了头；转向皇上，发现皇上也在看自己，嘴角微微上翘，笑容中带有几分玩味。

卫青突然感到极大的压力。如果他表现得太过急切，人们会不会认为他是在利用平阳公主？皇上、皇后越是郑重其事，他越难下定决心。

平阳公主见卫青犹犹豫豫，心中突然有了一种莫名的羞耻感，她扔下几人，独自跑出宫去。

第二天早晨，心绪纷乱的平阳公主命人牵出火龙马来，纵身而上，挥鞭向东飞驰，将侍骑远远抛在身后。小半个时辰后，她就来到了灞河边。她下了马，独自往廊桥上走去。

初夏时节，柳絮纷飞，碧野万顷，芳草漫道。平阳公主驻足于廊桥，静静地注视着河水缓缓北去，一如她流逝的青春。自从过了四十岁，她便深居简出，几乎不再参加长安城的各种宴游，偶尔接待一些相熟的朋友也只在宜春苑转转。而一年四季，她总要沿灞河骑马走上十几里，只有在这里，她才能真切地感受到昔日那个骑奴的存在，尽管现在她只能心中想象。

回想四十几年的人生，尽管她血统高贵、物质生活优渥，但感情生活十分坎坷。她的第一任丈夫平阳侯曹寿，从小身体羸弱多病,能力平庸。他们的婚姻除了门当户对,很难说有多少爱的成分。

曹寿死后,平阳公主正值青春妙龄,武帝心疼姐姐,不愿意让姐姐守柏舟之节。他给姐姐挑选了一个新夫君,也就是开国元勋之后汝阴侯夏侯颇。

平阳公主与汝阴侯夏侯颇做了近十年夫妻,但基本上是各过各的,也没生育个一儿半女。她虽然常常宾客满门,却总浇灭不了心中的孤寂。这么多年来,只有青青的灞河柳一直默默地陪伴着她。

平阳公主倚在桥栏上,默默地俯视着那浅绿的河水,然后闭上眼睛,倾听那几乎听不可闻的潺潺流水声。她在想,有些情注定只是过往里的浅浅回忆。

过了很久,她才猛然惊觉,在身后不远处几个侍骑中正有一双忧郁的眼睛在凝视着她的背影。"卫青……"她不禁脱口而出。

卫青从几个侍骑中走出来,大步走上廊桥。平阳公主透过迷蒙的泪眼看去,只见卫青完全是当年的骑奴打扮:半旧的蓝色布袍,腰间扎着一条又宽又长的灰蓝色丝带,素朴而飘逸。和当年不同的是,他更加瘦削挺拔,整个人刚毅、沉稳,有一种大将的气度,同时又流露出一种浸润入骨的沧桑感。

平阳公主昨天所见的卫青是长平侯、大将军,而今日所见则是常常在她梦中出现的那个骑奴。此刻,卫青在她身前不远处站住了。他凝视着她那张未施脂粉的脸,良久才伸出手去抓住她的双肩,说道:"家主,你好好看看我,还像当年那个少年骑奴吗？"

平阳公主没有看他，闭上含泪的眼睛。卫青为她拭去眼角的泪水，用低沉的声音说道："家主，泪水洗不去你眼角细细的皱纹了。"

"你是嫌弃我老了吗？是啊，我已经四十好几了，但我的记忆还停留在两段时光里。"平阳公主听任眼泪滑过面颊。

"那是你生命中最难忘的时光吗？"卫青柔声问道。

平阳公主沉吟片刻，缓缓道："你是否记得，那年你让媒人去府上提亲，说要娶我的贴身侍女如玉？"

卫青心里一颤，不知平阳公主为何提及此事："当然记得，只是不明白为何家主先答应了，而后又反悔。"

"因为你是我中意的……骑奴。"最初朝廷征召卫青入宫服役，平阳公主心中就莫名地有几分不舍。后来听说卫青想娶如玉，她开始还很高兴，可静下心来却有一种说不出的酸楚。于是她把如玉留下来，希望卫青在想如玉的时候，也能想到自己。她自己都不知道为什么会有如此奇怪的想法。

"后来呢，还有什么？"卫青继续问道。

平阳公主幽幽地说："平阳侯病逝后，我曾希望太皇太后让我改嫁于你。可是那时的你不过是一个小小的建章监、侍中，皇弟和太皇太后、太后都一致反对。我抗争了几年，直到你被封长平侯，我本以为有了希望，可你已经有了美满的家庭。你说糟糠之妻不可弃，我不得不从皇命嫁给了名声不佳的汝阴侯。"

卫青愧疚地说："是我有负于家主，希望家主能给我一个补偿的机会。"

"这种事又何须补偿，我只想知道，你难道从未对我有过一点情吗？"

卫青轻叹一声，说："卫青此生只有两个梦，一个是为大汉扫平匈奴，经过十几年的征战，匈奴终于被我们逐出漠北。从初征到现在，我与匈奴交战，大大小小的战役何止百次。我曾经力搏匈奴大将；曾经单枪匹马杀入敌阵，劈杀七名匈奴千户长；也曾经围过匈奴单于的大帐，手握长戟，在雪夜中追杀仓皇逃遁的大单于……对大汉我已尽力了，第一个梦想已经实现。"他的眼睛深深地看向她，"我此生的另一个梦，就是你！当年我还是个十几岁的少年，在灞水边陪护我一生中见过的最美的女人，觉得你就像天上的明月，那么高不可攀，遥不可及。十几年来，我以命相搏，心里一直以为，我是为你而战的……曾经的骑奴身份，令我感到耻辱，也令我奋发。我所有的荣耀，都属于你。"

"可惜我老了。比起大将军，我更愿意嫁给当年那个少年骑奴。因为与骑奴结婚，是爱情；与大将军结婚，只是一桩婚姻而已。"平阳公主落寞地说。

卫青眼神热烈地看着她："我知道我昨天的犹豫让你失望了。我只是想，你要嫁的人是那个少年骑奴而不是大将军。我很早就坐在河边等你，刚才看见你倚栏出神的背影，那样孤单，那样落寞，让我心碎。我想告诉你，无论多么迟，也无论用什么方式，我再也不能错过你。"卫青收紧双臂，将平阳公主拥入怀中。

平阳公主脸上已是红霞一片，洋溢着幸福的喜悦。

过了几天，皇帝赐婚的圣旨正式下来了。平阳公主虽不是第一次成婚，可她毕竟是皇帝的姐姐，加上卫青今时今日的地位，纵使两人有心婚事一切从简也是不可能的。

长平侯府中张灯结彩，热闹非凡。卫青和平阳公主举办了婚礼，其隆重程度毫不逊色于王公贵族们的初婚。

兜兜转转，卫青终于娶了昔日的女主人、过去暗恋的对象。对他来说，平阳公主也是一张护身符，多少可以打消一些武帝对他的猜忌；更重要的是，平阳公主对卫家有恩，卫子夫和卫青能有今天的身份和地位，都有赖于平阳公主，这份恩情，如果可以通过联姻来报答，卫青又何乐而不为呢？所以于公于私，他都很乐意迎娶这位比自己年长的公主。

卫青娶了平阳公主后，和武帝可以说是亲上加亲。朝中大臣见了卫青都低头下拜，不敢有半点不尊重的举动，只有右内史汲黯长揖不拜。卫青向来谦让大度，并不计较这些繁文缛节。有人私下劝汲黯说："大将军如今受到皇上的尊敬和器重，地位更加显贵，你应该行跪拜之礼才是。"汲黯却不以为然地说："难道有人向大将军行拱手礼，就反而使他不受敬重了吗？"卫青听说这件事以后，更加觉得汲黯是个正直贤能之人，此后遇到朝廷中的疑难之事便向汲黯请教，并且比以往更加敬重他。

平阳公主与卫青的这段婚姻，应该是平阳公主三段婚姻中最幸福的一段。婚后，他们二人相敬如宾，幸福美满地生活了大约九年时间。平阳公主临死前留下遗嘱，要求与卫青合葬，可见她对卫青的感情之深。

第三节　宫中再起波澜

当卫青还沉浸在新婚的喜悦中，武帝也迎来了一大喜事——宠妃李夫人被御医诊出有孕。消息传出后，椒房殿的卫子夫莫名地感到不安。

李夫人怀孕后风头更盛，武帝将所有能赏赐的物品都摆进了李夫人宫里，这般恩宠比起当初卫子夫怀孕也是有过之而无不及。于是宫中很快又有了一个谣言，说太医诊出李夫人此胎定会是个皇子，皇帝有意要将皇位传给李夫人的儿子。这谣言很快就传到了椒房殿。

"娘娘，外面传得风风雨雨，您怎么也不知道着急啊！万一……万一李夫人真如人们传言的那样生下皇子，该如何是好？"卫子夫的侍女小秋忧心忡忡地说。小秋是卫青从战场上救回来的孤女，因她模样周正又聪明乖巧，便让她跟在卫子夫身边伺候。卫子夫对她极为亲近，所以一听说李夫人怀孕，小秋很替卫子夫着急。卫子夫不慌不忙地看了小秋一眼，笑道："生皇子怎么了？陛下子嗣单薄，若真是个皇子才好呢。在其他人面前，可千万不能乱说。"

"娘娘！"小秋仍是一副焦急的模样，"若李夫人真生下皇子，后宫又要起纷争了，只怕将来太子之位……"

"秋儿，越来越大胆了，储君之位岂是你可以妄加议论的！"卫子夫厉声打断小秋的话。小秋吓了一跳，卫子夫平日难得动怒，说明她真生气了，于是赶紧跪下认错。

也不怪小秋着急，其实卫子夫又何尝不担心自己儿子的地位受到威胁，如果正受宠的李夫人生下皇子，怕是真的会影响儿子刘据的太子位。武帝本人的太子位也是改立得来的，他如果改立宠妃之子为太子，一点也不稀奇。不过卫子夫也明白，虽说武帝如今宠着李夫人，但并不代表会一直爱她，也不会代表会轻易对后宫有大调整，除非他的皇权受到威胁。只要顺着武帝的意思来，就不会有太大的麻烦。

"好了，李夫人既然有孕了，本宫自当慰问一番，你去备些补品亲自送过去吧。"卫子夫又认真想了想，吩咐道，"记得备丰厚些，莫让人觉得我椒房殿失了风度！"

小秋点了点头，便匆忙起身张罗去了。

卫子夫安排好后便摆驾长平侯府，一来是看看卫青和平阳公主婚后生活如何，二来是想与平阳公主说说最近后宫中发生的一些事情。

卫子夫的到来使清冷的长平侯府顿时热闹起来。

平阳公主迎出来，向卫子夫施礼。卫子夫笑吟吟地回礼。卫青知道皇后肯定有悄悄话要跟公主说，打过招呼后便独自去书房待着了。

卫子夫扫视一眼室内的陈设，坐了下来，笑道："长公主对皇上此次赐婚还满意吗？"

平阳公主脸上露出一抹娇羞："满意……感谢皇后劳心费力了。"

卫子夫今天来主要是想跟平阳公主谈谈后宫人们议论的事

情，所以她也不拐弯抹角，寒暄过后便直奔主题。

平阳公主听卫子夫讲完，微微一笑，以皇姐的口吻说："子夫，二十多年前，我母后被册封为皇后前，我曾经劝过她几句话，不知你是否愿意听？"

卫子夫点点头说："长公主长于深宫，深知宫闱之事，子夫洗耳恭听。"

"富贵和恩宠是鱼和熊掌不可兼得的事情。"平阳公主有点怜惜地看着这个曾经是歌姬的女人，她和自己的母亲王太后有太多相似之处，她们美貌而倾心于权贵，其实也是可怜的女人，"要想巩固自己的地位，只有牺牲自己的爱情。你知道吗，我母后有一种行之有效的令绝色佳人不受皇上注意的诀窍。"

卫子夫脸上露出期待之色："皇太后从未给过我这方面的教诲。"

平阳公主淡淡地笑道："野花之所以娇艳耀眼，是因为它周围没有其他花与之比美。再美的花，只要放在花丛中，就不会异彩夺目。当新的春天来临，谁还记得去年的春天？我母后的过人之处，就在于懂得皇帝活在万花丛中是合乎传统的。既然如此，他想要一枝花，那就给他一丛花；他想要一丛花，那就给他一园花。再美的花也有凋零的时候，他肯定不会死守着一枝花不放。"

"你是说给皇上更多的佳人……"同样冰雪聪明的卫子夫，脑子终于转过弯来了。

"皇后不妨每年都在皇上身边添几个美丽的新面孔。如果你愿意为太子刘据和卫氏家族考虑，就要放下女人的嫉妒心，认真去做一个有权谋有智慧的皇后。"

第十章 再续前缘

这时候,卫青走了进来,他在外面多多少少听到了一些对话。他知道姐姐因为皇上独宠李夫人而忧心,作为皇后,她又不能想方设法跟别人争宠。他对卫子夫说:"水至柔,避高而趋下,利万物而不争;水却也是最有力量的,无论多么坚固的岩石都会被水磨去棱角,而水永远是水。所以姐姐何不以水为师呢?夫唯不争,故无尤。"

卫子夫重重点了点头。她见卫青这个只会打仗的大将军在政治上也成熟了许多,心中甚感欣慰。

然而,尽管卫子夫处处小心,极力避免后宫纷争,但一场一直掩藏在表面和睦下的风暴已然来临。

这夜寿安殿内灯火通明,御医进进出出,侍女们更是不停地在磕头求饶。武帝看着躺在床上脸色发白、昏迷不醒的李夫人,不禁怒火中烧。

椒房殿内正要就寝的卫子夫得到了武帝的传召,要她立刻到李夫人的寝宫。卫子夫莫名感觉一阵心慌。她低声地问前来传召的内侍:"公公,不知陛下深夜传召所为何事?"

卫子夫向来与人和善,这个内侍便偷偷把当晚的所见所闻一一相告。

原来,李夫人昏迷不醒,据说极有可能是被人下毒所致,现在将要小产,弄不好就会一尸两命。卫子夫立马警觉起来,只怕是有一场阴谋在等着自己。即使自己不被当作下毒之人,作为管理后宫的皇后,也难逃罪责。

小秋吓得方寸大乱,急着说要去通知卫青,但被卫子夫阻止。卫子夫云淡风轻地对小秋说:"若是卫青什么都不知,那我还可以辩解一二。若是此时卫青赶来,怕是会被人误会我早有准备,又要给人多一条陷害我的说辞了。"

但是,卫子夫想得太简单了,武帝根本没有给她半点辩解的机会,直接将她禁足了。

有人诬陷说,李夫人是因为吃了卫皇后送的食物而中毒,矛头直接指向卫子夫。武帝虽然宠溺李夫人,但他不是一个容易被蒙蔽的人。他一眼就看出这是诬陷,并查出卫子夫所送礼品中根本就没有食品。但后宫出了这样的事,禁足的处罚还是必须要给她的。

卫子夫只能祈祷李夫人和她肚里的孩子平安无事。还好,李夫人顺利产下一个男婴,孩子很健康,就是后来的昌邑哀王刘髆。但是,李夫人自从刘髆出生后就一直卧病在床。太医们想尽办法都无济于事,眼见着病越来越重,李夫人的面容也愈加憔悴。然而武帝对李夫人的宠爱却没有减少半分,眼见心上人被病痛所折磨,他心里非常不好受,经常到李夫人寝宫中探望。但是每次来,李夫人都用被子把头蒙住,不让武帝看到她的脸。

有一次,武帝又来探视,李夫人蒙着被子恳求武帝照顾她的儿子和兄弟们。武帝说:"夫人就让朕见一面,当面和朕说不是更好吗?"李夫人回答道:"我不想让您看到我憔悴的样子。"武帝又说:"夫人若是让朕看一眼,朕就赐给你千金,并让你的兄弟们做高官。"李夫人果断地回答:"给不给我兄弟高官在于陛下,不在于见臣妾一面。"武帝仍坚持要见李夫人,李夫人便转过脸去叹息流泪。武帝实在没有办法,不高兴地起身离去。

在一旁伺候的姐妹责问李夫人:"夫人为什么不见一见陛下,当面托付兄弟之事呢?"李夫人道出了自己的真实想法:"我坚持不让陛下看到我的样子,正是为了让陛下能够真心地照顾我的兄弟们。陛下宠爱我是因为我容貌姣好。我凭着美色得到宠爱,一旦失去美色,宠爱也会消失。陛下之所以还念念不忘地来看我,无非是记着以前我美好的容颜。如果看到我现在容貌憔悴不堪,一定会对我生出厌恶之心,又怎么可能照顾我的兄弟呢?"

第二年春天,一代佳人悄然而逝,武帝追思李夫人的美好,并没有忘记她临终所托,封她的哥哥李广利为贰师将军,授海西侯,统领兵马,希望他能建功立业,可惜李广利是武帝手下最无能的将领;又封她的哥哥李延年为协律都尉,主管宫廷音乐,倒是成就了一大音乐名家。

春去秋来,武帝望着飘零的落叶,睹物思人,伤感地写下了《落叶哀蝉曲》:

罗袂兮无声,玉墀兮尘生。
虚房冷而寂寞,落叶依于重扃。
望彼美之女兮,安得感余心之未宁?

武帝身边佳丽环绕,唯有离世的李夫人让他日夜思念。

卫子夫知道,这个后宫中,在情爱上从来不会有人赢,那么除去情爱，论及名位，又有谁比得过她这个皇后呢？

然而，提及太子刘据，卫子夫却有些担心。太子刘据性格温厚，谦虚有礼，思想和做事风格与武帝截然相反，武帝因此不大待见他，认为他仁善软弱。所以，尽管太子深得下民之心，武帝却不大喜欢。

武帝子嗣不多，刘闳已被封为齐王；刘旦也有了封地；刘胥从小有侠客之风，喜欢骑马射箭，游山玩水，唯独不喜欢读书，对朝政之事也不上心。这三子对刘据的地位威胁不大，卫子夫却时常感到不安，这或许是因为霍去病早逝、卫青退隐给她带来的精神压力。她只能以不争而争的方式，平静地期盼未来。

第十一章 亢龙有悔

第一节 功高不养士

李夫人去世后，武帝身边虽然美女无数，但很长一段时间内谁也无法取代李夫人在他心目中的位置，他常常怀念李夫人的美好，她的音容笑貌不时在他脑海中浮现。

花开花谢经年，汾水之上，又见黄云落叶初飞。

元鼎四年（前113年）秋，建章营骑三千精骑拱卫着御驾，从长安北门浩浩荡荡而出，绵延数十里，直奔河东而去。大军行进完全按战时配备辎重，由奉车都尉霍光统领。其间，武帝不时亲自上阵，驾车引弓射猎，沿途所过郡县均不做停留，数日后便出临晋关，抵达汾水之滨。

一路上，虽有宠臣江充等人鞍前马后地侍候，又有丞相公孙贺四处张罗，还有辞赋家枚皋吟诗作赋为游乐助兴，但武帝的心情依然不太舒畅。

楼船上,一班歌姬正边舞边唱。坐于船头的武帝看着她们曼妙的身姿和年轻的面容,眼前再次浮现李夫人的影子,内心满是感伤。

当楼船行驶于两山之间时,武帝不由得站起来四下张望。举目蓝天深远,白云奔驰如驹;低头碧波荡漾,突见草木枯黄。一群大雁向南飞去,留下几声悲鸣。武帝感慨万千,命侍从拿来笔墨,奋笔疾书,一首大气磅礴的《秋风辞》便完成了。

近段时间,恰巧卫青和平阳公主暂住河东平阳小别院,听说武帝来晋国汾水祭奠后土,卫青便西行六十里迎接圣驾。

皇上的行辕停在了汾水河畔,御帐在一处依山傍水的草地上拔地而起,建章营骑环绕着皇帝行营扎营。

"大将军也来了,我们就要见到大将军了!"营骑中不时有人交头接耳,难掩兴奋之色。

对他们来说,大将军卫青在汉军中就是一个传奇。三十年前,这支经历了六十年和平与安逸的军队遇上了草原上的劲敌,剽悍的匈奴骑兵让他们蒙受了耻辱。是卫青让汉军重新焕发了生机,把只有贵族子弟才能加入的一支娇生惯养的队伍打造成一支劲旅,带领他们驰骋草原大漠,扫灭匈奴强敌。卫青创建了汉军铁骑,并针对匈奴骑兵发明了新式战法,以武刚车结阵,配合汉弩,阻挡匈奴冲锋,这些战术使汉军的战损率大幅下降。卫青作为大将军,待部下宽和仁厚,每战宁可无功,也绝不罔顾士兵性命;他英勇无敌,每战必定冲锋在前;撤退的时候,定是他在最

第十一章 亢龙有悔

后,力保全师而还;得胜述功,他总是将战绩让给部属。

如此种种,使卫青深受全军爱戴。所以,当卫青突然出现在建章三千精骑面前时,他们又怎能不热血沸腾?

四十几岁的卫青已然老态尽显,旧伤复发折磨得他早已骑不得马,只好乘一顶软榻前来见驾。接近行营时,巡逻的军士已经认出他来。

"快看,那是大将军!"一个年纪稍长的校尉叫道,所有将士听了都围过来,热切地高喊:"大将军,大将军,大将军!"

卫青离开军营已经六年了,大部分将士他都不认得,这些热情的问候让他倍感亲切。所有人自发地分成两列,在大将军要经过的地方整齐列队,接受大将军的检阅。所有人都双目噙泪,异口同声地高喊:"大将军威武,大将军威武……"

短短的几里路,卫青思绪万千。自古伴君如伴虎,对于君王来说,手握重兵而又功勋卓著的将军是皇权的最大威胁,如果国家有难,将军跃马可平天下,但是这种军人的存在,又让君王难以安枕。想当年周亚夫平定七国之乱立下首功,可得罪了景帝,也被判谋反罪,落得个兔死狗烹的下场。

同样掌兵的卫青,有了前辈的前车之鉴,他处处谨慎小心,放弃一人之下、万人之上的权力,来到这汾水之滨,过起了闲云野鹤的生活,想借此渐渐淡出人们的视线。可人们没有忘记英雄,将士没有忘记他们的统帅,他们用军人最朴实无华的礼节,向自己心中的战神致以最崇高的敬意。

不绝于耳的呼喊声令卫青心潮澎湃，感慨万千，不能言语。

卫青到御帐中拜见武帝，武帝感慨地说："汾河畔是仲卿长大的地方，可惜流水依旧，将军老矣。你我当年驰骋上林苑，是何等英姿勃发，如今我们都已垂垂老矣。"

卫青道："是啊，岁月不饶人，臣已经老了，陛下却依然生龙活虎。"

武帝摇摇头说："身体尚健，可精神不在了。"他拿出方才写的《秋风辞》给卫青看，卫青笑了笑："臣不懂音律，陛下可以让军中懂音律的人带领所有将士一起吟唱，如此才能表现出这首诗的磅礴气势。"

于是，武帝率领群臣乘坐楼船行驶在汾河上，岸上的士兵们吹起箫打起鼓，吟唱《秋风辞》：

秋风起兮白云飞，草木黄落兮雁南归。
兰有秀兮菊有芳，怀佳人兮不能忘。
泛楼船兮济汾河，横中流兮扬素波。
箫鼓鸣兮发棹歌，欢乐极兮哀情多。
少壮几时兮奈老何！

诗中充满了中流泛舟、俯仰赏观的欢情，更流露出江山永恒而人生易老（佳人仙逝）的伤感之情。

待箫鼓声歇，武帝叹道："仲卿可还记得当年，朕年不过十八，你也只是翩翩少年，如今快三十年了，时光一晃而过，我们都老了。朕娶了你的姐姐,你也娶了朕的姐姐,这是何等的缘分啊。仲卿为朕冲锋陷阵,为我大汉开疆拓土,成就了朕的一番大业,朕当好好谢你!今日就在船上设酒宴,同饮同乐。"

卫青说:"臣不敢贪天之功,全赖陛下运筹帷幄,调度得当。陛下是猎手,臣不过是鹰犬而已。臣功成名就,是陛下成全了卫青。"

武帝哈哈笑道:"大将军切莫推辞,你我既有手足之情,今日同饮,又可共叙君臣之义。"

酒宴上,君臣开怀痛饮,不谈国事,只叙旧情。加上宴席上有多人劝酒和助兴,武帝和卫青皆醉卧席上。

武帝从河东返回长安后,有个名叫暴利长的敦煌囚徒,在当地捕得一匹汗血宝马献给他。武帝得到此马后欣喜若狂,称其为"天马",并作歌咏之,歌曰:"太一贡兮天马下,沾赤汗兮沫流赭。骋容与兮跇万里,今安匹兮龙为友。"

武帝爱良马。他毫不犹豫地派人去大宛买汗血宝马,遭拒后便开始筹划出兵大宛等国。

元鼎五年(前112年),南越内乱。是年秋,武帝派伏波将军路博德从桂阳出发,沿湟水前进;楼船将军杨仆从豫章出发,沿浈水(浈江)前进;南越降将归义越侯严为戈船将军,从零陵出发,沿离水(漓江)前进;南越降将田甲为下厉将军,直取苍梧;又让驰义侯利用巴蜀之地的犯人,并征调夜郎国的军队,沿江南下,平定南越之乱。

战事再起,已退隐河东的卫青考虑到武帝万一要找他商议军务,于是和平阳公主一起返回长安。不过,武帝根本没有要同他商谈军政要务的想法,这让卫青深感失落。他内心还是期盼听到皇上的召唤。

这天,卫青正在侯府院中的紫萝藤下闲坐,忽闻报奉车都尉霍光前来拜访。卫青还以为是武帝派霍光来传唤自己入宫,但他见霍光一脸沮丧的样子,就知道自己想错了。

霍光见过礼,未及寒暄便心直口快地说:"大将军,我可以像兄长一样叫您舅舅吗?"

卫青略感惊讶道:"霍都尉为何有此一问?去病称我为舅,你是他弟,自然也可称舅。"

霍光说:"我称您为舅,是不想以下级军官的身份跟大将军对话,而是想以晚辈的身份与长辈对话。"

卫青笑了笑,说道:"霍都尉是遇到什么难解之题了,搞得这么严肃?有什么话就直言,我这个大将军如今只是个空头衔而已。"

霍光说:"舅舅,我这个奉车都尉是沾兄长的光得来的吗?"

卫青想了一下,说:"沾兄长的光只是表象,往深处看,是皇上想任用一批年轻而优秀的将领。"

霍光说:"但我数次向皇上奏请披甲出征都未得到允准,这说明我在皇上眼中还算不上优秀。舅舅是否可帮忙说说情,让我去战场上历练一番?"

卫青为难道:"点兵派将是皇上的特权,除非皇上下旨让众臣举荐，我还未曾因私人关系向皇上举荐过一人。再说，你这个职位直接关系到皇上的安危，远比你上阵杀敌更重要。"

"不能上战场，如何才能成为一名优秀将领呢？"霍光问。

卫青说："一名优秀将领首先须以身作则，以将制胜。古语云，其身正，不令而行；其身不正，令而不行。其次，有所为有所不为。譬如，身先士卒，就是有所为；不贪他人之功，就是有所不为。赏罚严明，内部团结，并以之作为基本的管理原则和方法。最后，以练制胜，尽己所能，提升部属的技能和战斗力。譬如，战术问题集中表现为练武习阵，练武就是练习使用各种兵器，习阵就是演练各种阵形。"

霍光边听边点头，语气坚定地说："虽然舅舅作为大将军的人气渐渐消散，但我甘愿拜在大将军门下，希望大将军不弃。"他说着就要跪拜。

卫青上前一步拉住他，神色肃然地说："我府上只有几个勤杂男仆，未养一士。你兄长去病乃将之典范，当效仿之。"

霍光虽与卫青接触不多，但多少也了解一些卫青的品性，一旦拒绝，多说无益。但卫青的话对他很有启发，自己整天陪在皇帝身边，有近水楼台之便，为何不能像兄长一样去与皇上面对面地谈呢。

正如卫青所言，武帝不让霍光披甲上阵并不是不重视他，相反，武帝频繁出宫，有霍光陪侍左右，他非常放心。

同年（元鼎五年），武帝在没有任何前兆的情况下，削去了包括卫青长子宜春侯卫伉在内的一百零七位侯爵的封号。理由很简单,这些列侯进贡的"酎金"要么分量不足,要么成色不足,这都是对祖宗的不敬。史上称之为"酎金失侯"事件。

"酎金"就是列侯们应该上交朝廷的祭祀宗庙的黄金。多年以来,列侯们对此都应付了事,对金子的成色和分量不足的情况习以为常。朝廷官员在这件事上也睁一只眼,闭一只眼。这次因为列侯无人响应号召从军攻打南越,武帝开始追究这件事,并且大发雷霆。凡有在金子成色、分量上弄虚作假的,一律罢官削侯。

这一事件标志着雄才大略的武帝除了抗击匈奴,还用钢铁一般的手腕进一步加强了大汉王朝中央集权的统治。

很多人误以为这是卫青失宠的信号,心里不免慨叹兔死狗烹。亲近卫府的人也少了,只有任安一如既往地侍奉卫青。从这时起,长平侯府门前更加冷清。但卫青非常淡定,他知道武帝这样做并非针对他一人。

卫青作为一个万户侯,相比于已故丞相公孙弘的拮据,日子还是比较宽绰的。这也是过去苏建多次建议他养士的原因——毕竟手里有钱,且养士在王公贵族中非常时兴,还会被别人高看一眼。卫青却说,养士是天子的权力,臣子不敢染指。普天之下,莫非王土;率土之滨,莫非王臣。窃取天子的养士之权,无异于自寻死路。

在霍光之前,已有赵破奴、杨仆、荀彘等人找各种借口想投在卫青门下,但都被卫青一一回绝。卫青建议他们去投奔建章营或者羽林孤儿营,那都是皇上亲管的特种部队,建立功勋的机会很多。而且告诉他们,所有的"士"都只能属于国家和皇帝,他决不养一个士。

霍光、赵破奴、杨仆、荀彘等人,后来都受到了重用。

第二节 树欲静而风不止

武帝在河东汾水边与卫青相会后,三四年内做了很多事情:南定两越,东击卫满朝鲜;封禅泰山,并改元元封;亲临瓠子堤堵塞黄河决口,建宣房宫;派遣楼船将军杨仆、左将军荀彘率领应募钳徒出击朝鲜;派将军郭昌、中郎将卫广挥师且兰,平定南夷后设置牂牁郡;派从票侯赵破奴出征西域;游览观看三辅离宫馆,亲临山泽,驭狗猎射,蹴鞠刻镂……

这段时间,卫青一直赋闲在家,他觉得这样倒也自在,有时间陪着平阳公主一起观春花秋月,一起赏夏雨冬雪。灞水边,汾水畔,都留下了他们的足迹。这些年,长平侯府院子里的花花草草越来越多,尽管已是初冬,但院子里的菊花还在顽强地开着。卫青原本对花草没有多少感觉,只因有平阳公主在,花草在他眼里才多了些韵味。

清晨,平阳公主坐在床边凝视着卫青的脸庞,看见四十多岁的他额头上已经深深刻下皱纹,不禁心生怜惜。

"该上朝了。"平阳公主轻轻地推了卫青一把。

卫青睡意正浓。自从漠北与匈奴决战后,他整整十一年没有到边塞去了，武帝也几乎没有与这位大将军、大司马、长平侯商讨军务，甚至没有传唤他入朝。他也渐渐适应了这种安逸闲适的生活。

"已经卯时了，还不快起来穿衣上朝？"平阳公主知道武帝没有唤他入朝，但还是用这种方式叫他起床。

卫青慢慢睁开眼睛，懒洋洋地打了个呵欠，笑道："不去。"

"什么？"

"天冷了，懒得上朝。"

"听说皇上又要征伐大宛，对付外敌，只怕朝中还没有人能取代你大将军。"平阳公主故意吊他的胃口。

卫青轻轻咳嗽两声，说道："我病了，起不来床了。"

平阳公主捶了他一下："四十五六岁的人了，还这样撒娇。"

"这才是我的本来面目啊。"卫青不乐意地欠了欠身，依然斜卧在被衾里。

平阳公主叹口气道："你一直在我面前装得淡定从容，但我能感受到你内心的忧郁与伤感。皇上想重用李广利，却没有免你的职，是因为皇上还需要把你当作一块招牌，让他能轻松掌控一国军队；皇上旨令你不见传召不上朝，是担心你在朝堂上提出与他旨意相悖的意见，让他的皇威受损。是这样吗？"

卫青苦笑了一下，说道："我和姐姐子夫原本是公主府上的奴仆，最初的时候只不过想通过打拼脱离奴籍，获得自由身。从未想过机缘巧合之下，皇上和公主会让我跻身仕途，还一路走了这么远。可仕途本来险恶，这长安城里的风云比塞上还要多变。朝廷中暗流涌动，有太多太多不为人知的规则和秘密。我如今的处境可谓进退两难。"

平阳公主坐到妆台前，抬头看了一眼悬挂在墙上的《北风》字画，轻轻吟道："'北风其凉，雨雪其雾。惠而好我，携手同行……'你看这样如何？我们一起去你的封地，在你那万户食邑的封地上策马漫游，我一直向往这样的生活。"

"我也十分向往。"卫青起身走到平阳公主身边，"《道德经》中说'不失其所者久，死而不亡者寿'。有价值的东西，都是抛开表象看本质，找到最纯粹和自然的本性。无论外在事物怎么变化，本质仍然存在。一个有智慧的人，不管他的地位如何变化，他所拥有的品性都不会变。我觉得，真正有价值的人生正是抵达那种阅尽沧桑之后的简单、天真的境界。"

平阳公主转身看着卫青，微笑道："这满朝公卿梦寐以求的三公之位，你竟能如此轻拿轻放……"

卫青淡淡地说："一个官场中人，看不透权位就是一种悲哀。且说当今皇上，手下用过的三公九卿，他们的下场如何？"

平阳公主还从来没细想过这问题，现在卫青一说，她才发现武帝提拔重用过的几个丞相确实一个个都没有好下场：李蔡、庄青翟获罪自杀，赵周下狱而死……

"他们无一不是权高位重，荣宠无二。"这是卫青第一次向人说出埋藏心底的隐忧，"可一旦失去皇上的恩宠，后果不堪设想。"

平阳公主点了点头,又想到自己和武帝虽是姐弟,但毕竟也有君臣之别,她早已觉得自己不再如少时那般了解他的心思了。帝王心术,深不可测。

卫青见平阳公主的面色有几分苍白,伸手将她拥入怀里,继续说道:"其实,汉家最忌惮的不是内宦,也不是宗族,而是外戚。本朝的吕、薄、王、窦、卫五门外戚,吕氏不用说了,全被灭门,现在几乎无子弟存世……卫家自皇后入宫,陛下恩宠,现在我又与公主结为连理,在他人眼里可谓盛极一时。族人门下升官发财皆有之,卫家之势已令天下侧目。然而盛极必衰,卫家不可避免要走下坡路。皇上给我们赐婚,其实也有一个很明显的暗示,就是让我们安安静静地养老去。谋士蒯彻曾劝齐王韩信说'勇略震主者身危,功盖天下者不赏',这句话是真理。"

卫青无奈地垂下了头:"二十年的官场生涯已经令我的心变得复杂。人心总是有太多欲望,有了欲望就会有太多的考虑和算计,也会有太多难以割舍的牵挂。公主知道,我最挂念的人是皇后和太子……皇后心中不安,前日写信给我,我将信转呈皇上看了,他这才召我入宫。"

平阳公主微微一笑:"侯爷这么为卫家和孩子们考虑,如此,我便不担心了。"

卫青已经有段时间没入宫拜望皇后和太子了,卫子夫见了他分外高兴。卫青直奔主题,问道:"姐姐信中说'心中不安',不知所虑何事?"

卫子夫说:"弟弟知道,据儿敦重好静,好读圣贤之书,不喜欢舞枪弄棒,更厌恶战争。年初,据儿上疏劝谏皇上说,二十年来的征战让老百姓实在太苦了,他们一生下来就注定劳作、服役,从未享受人生的快乐,而今匈奴平定,四海安宁,请暂缓远征大宛,给民众休养生息的时间。皇上却对据儿说,'朕知道你性情宽厚,不愿意做这等征讨杀伐之事,那么就由朕来替你代劳了'。显然皇上对据儿已心有不满。"

卫青说:"太子说得没错啊,臣弟也这样劝谏过皇上。"

卫子夫说:"你劝谏皇上是职责所在,但据儿是太子,必须与皇上保持一致。可据儿偏偏死心眼,前不久又劝谏皇上不要重用王温舒、江充等一班酷吏,不然定会激起民怨。结果又惹得皇上雷霆大怒,说子不类父,太让他失望了。王温舒、江充听说太子讨厌他们,也时常寻机在皇上耳边说据儿的坏话,挑拨离间。他们对付异己的手段是何等残酷,对皇亲国戚尤其不肯手下留情。若不是皇上还顾及弟弟你这个大将军的名望,只怕据儿这太子之位早已不保。"

卫青也曾听不少人说江充与武帝相当亲近,武帝甚至封了他一个外号"绣衣使者"。卫青对此颇有几分不屑,他对卫子夫说:"江充不过是一个奸诈小人而已,多加提防便是了,姐姐何必如此惧怕几个酷吏?"

卫子夫长叹一口气道:"我并非惧怕酷吏,而是惧怕皇上把这些酷吏当作手中的刀。"

卫青终于明白，卫子夫的担忧并非多余。如果卫家人如此低调收敛、隐忍退让都不能趋吉避凶的话，那只能说是天意了。

第三节 军神陨落

元封四年（前107年）冬，武帝第三次出行至泰山封禅。他素来敬重鬼神，自继位之初一直如此，如今年过半百，自然更加希冀苍天护佑，以求长生不死，治理天下得到永久太平。此时正值春寒料峭之际，寸草未生，武帝也觉得有几分扫兴，但就此折回又不甘心，于是命人立石于泰山之顶，自己则转而往东海寻仙访道去了。

元封五年（前106年），武帝设置十三州刺史部作为朝廷派出机构，负责对地方政务的监察督导，进一步完善了以郡县制为基础的中央集权制度，将权柄攥得更紧了。

这年初夏，卫青染病卧床已有数日，卫府隐阁里里外外的帐幔帘子都换作了重绸的。因为卫青喜素色，故多用月白、淡青等颜色，甚少有花饰。整个屋子因为这些素色，显得格外的雅静。

卫青的病并不是急症，而是多年来远途征战所遗留的一些病痛。来来回回请了好几位太医来诊断，他们说的不外乎心中郁结加上屡次征战受伤所致的后遗症，但始终没有对症的药物。药方换了好几个，卫青的病情仍不见好转。

听说济北王府的名医王禹精通针砭之术和经络理论，卫青便请他前来给自己诊治。王禹针药并用，确实让卫青的病情有所好转。但卫青心里明白，自己的身体已是病入膏肓，针砭和药物只不过是延长几天寿命而已。

卫青心里并不畏惧死亡，他征战沙场十余载，见过的死亡实在太多了，自己能在九死一生的战场上活下来已是老天特别眷顾。人固有一死，只要死得其所，死得心安就好。但他还有一桩心事未了，于是掀开锦被想从床榻上下来。

侍女劝阻说："大将军您病得这么重，要做什么由奴婢们代劳就可以了。"

卫青说道："这件事我必须亲自去做，任何人都无法代劳。"

他走到书案前坐下，取过简牍，用左手撑住案角，另一手则取出一支紫毫，沾了墨汁，颤抖着书写起来。

这时，平阳公主进来了，有点生气地责怪道："笔都拿不住了，还写什么！给皇上捎个口信去，他来不来看你就随他的意。"她站在一旁，凝视着他那憔悴的脸庞，以袍袖轻轻地帮他拭去冷汗。卫青转脸看向她，感激地笑了笑，又低头继续写下去。

一个月后，武帝终于驾临长平侯府。他进府后说的第一句话就是卫府隐阁的帐幔帘子太素净了。因为白色多用于丧葬，不吉利，平阳公主便命人将帐幔帘子换成了黑红相间的颜色，风一吹像军旗在飘扬；又将屋中的各色花卉案几都换了深颜色的，显得很庄重。

卫青紫衣素袍，显得清瘦苍白，正端然跪坐。名医王禹在为他做最后一次诊断。之所以说是最后一次，是因为王禹觉得自己已经无能为力了。他轻声询问："大将军，服药之后可有胸中一暖，如春阳融雪之感？"

卫青吃力地应道："喝药后先是一热，然后胸中的闷塞之感便好似……一丝一丝地消散了些。"

武帝轻步走入隐阁，示意众人不要行礼，不要出声，然后静静地站在卫青病榻一侧，听王禹问诊。

"正是要这种感觉。"王禹点点头说，"老朽观大将军气色，揣摩脉象，应是年轻时征战沙场不知养息，底气伤得过甚，以致肺衰。后来又受了刺激，伤了肝脉，加上心事郁结，长期不得排解，以致气阻胸闷，饮食不消，精神不济，懒与人言。"

卫青点头不语。

"大将军日常是否夜间难寐，即使睡着也梦多且艰，醒时如负重远行，疲惫不堪？"

"大将军胃肠之上可有过旧疾，而且还很严重？"

"可有头晕目眩，耳鸣气短，心口胀疼？"

……

王禹一连问了几个问题，然后谨慎地说："大将军是个明理的人，老朽就明说了吧。看大将军脉象，观大将军言语风度，大将军应该是个聪明深沉，走一步想三步的人。这病便起在心中忧虑太多，担心太过，以至于精血凝聚不散。要解这病，除了药石，便是要大将军能真正放下思虑。若心结解了，也许这病还有一点治愈的希望；若心结不解，再好的药石……作用也不大啊！"

这时，武帝在一旁听得不耐烦了，对王禹说："别啰唆，赶紧开药方吧，朕亲自来熬药。"

待人把药送来，武帝代替姐姐亲手熬药，这是他生平第一次也是唯一一次给人熬药。他不放心地看着卫青把药吃完，反复叮嘱后才离开。

卫青的病情一天比一天重，这病痛已一点一点地将他的精气神消耗殆尽。

卫青病危的消息传出后，朝中大臣纷纷登门拜谒，探视大将军的病情，但平阳公主都一一婉拒了，除了卫子夫和太子刘据。

刘据看着病榻上的舅舅，已经无法把他和那个英俊强健的大将军联系在一起，也不知道该说点什么。他眼里含着泪光，轻轻呼唤："舅舅，舅舅……"

卫青对他说："你是太子，不要哭。"

卫子夫哽咽着，好久说不出一句话来。卫青望向姐姐，虽然她没有说话，但她心里的忧伤他能感受得到。

平阳公主脸色苍白，忽然老了很多，忙碌的时候嘴唇几乎老态地哆嗦着。卫青时而清醒，时而昏迷，在他弥留之际，平阳公主紧紧握住他的手，怜爱地看着他那苍白的脸庞。

卫青慢慢睁开眼睛，吃力地说道："公主，我再也不能陪你了。"

平阳公主的眼睛湿润了,她把脸转向一边,不让卫青看见。

卫青继续说道:"我去后,希望公主不要太过伤怀……"

良久,再也没有声音响起,平阳公主拭去眼泪,回头看了卫青一眼,见他已经双目紧闭,神色安宁而庄重。他就这样静静地去了。

元封五年(前106年)初秋,大司马、大将军、长平侯卫青薨逝。

卫青下葬前,武帝下旨赐谥号"烈",允许他陪葬茂陵东北,并按照阴山的形状为其修建陵墓,以纪念他征战匈奴立下的汗马功劳。

葬礼很隆重,出殡之日,都城将士皆身着黑甲黑袍,列队护送灵柩。唯一的遗憾是,这样的葬礼本来应该由武帝亲自主持,但是侍卫说皇上去往甘泉宫了。其实武帝在宣室殿呆呆地坐着,时不时侧着耳朵仔细听辨外面的声音。可是,这里离卫府太远了,什么也听不到。有时外面似有隐隐的鼓乐哭灵的声音,可是仔细一听,不过是瑟瑟秋风刮过窗棂而已。

卫青去了,平阳公主的魂仿佛也丢了一半,好些天,她就静静地坐着,仿佛还在等着与卫青相见。